역사속으로의
하남 여행

손승철 · 김세민 · 이상배 지음

景仁文化社

책을 내면서

선사시대부터 오랜 역사와 문화를 간직하고 있는 하남은 서울 근교의 도시 가운데서도 가장 문화유적이 풍부하게 남아있다. 백제가 하남위례성에 도읍을 정하여 475년 고구려에 멸망하기까지 한강 이남 지역, 즉 오늘날 서울시 송파구·강동구와 하남지역 일대가 모두 백제의 영역이었다. 또한 1392년 조선이 도읍을 개경에서 한성으로 옮긴 이후에는 하남지역이 수도의 동북지역 방위 중심지로서 역할을 간직하고 있었다. 그리하여 강화도·수원과 함께 유수가 파견되어 서울의 3대 방어처로 지정되었던 곳이기도 하다.

고대의 유적으로는 이성산성을 비롯하여 고려시대의 동사지·마애불·춘궁리석탑 등이 자리잡고 있으며, 조선시대의 유적으로는 천주교의 성지인 구산성지, 조선후기 4대신을 모시고 있는 사충서원, 조선시대 기초 교육의 중심지였던 광주향교에 이르기까지 모두가 하남의 역사성을 보여 주기에 충분한 것들이다.

더욱이 삼국시대와 밀접한 관련을 가지고 있는 이곳은 일찍부터 대부분의 지역이 잘 보존되어 청정의 자연환경을 오늘날까지 지켜오고 있다. 따라서 하남의 이곳 저곳에는 아직까지 문화유적이 남아있어 역사도시, 환경도시로서의 특징을 잘 간직하고 있다.

그동안 여러 책들이 출판되었지만, 대중들이 쉽게 접할 수 있는 책은 아니었다. 이번의 이 책은 가능한한 많은 사진과 도면을 넣어 시각적 효과를 높이고, 문장을 쉽게 풀어 써 역사적 흐름을 이해하기 쉽도록 노력하였다. 또한 작성된 원고를 중학교 학생들에게도 읽히는 작업을 거쳤고, 여기에서 지적된 용어들은 다시 풀어쓰는 방법으로 집필하였다. 일반 시민은 물론 청소년들에게 많은 도움이 되길 바라마지 않는다.

2003년 8월
지은이 일동

역사속으로의 하남여행 / 차례

1부 산과 강, 땅이름

1 광주의 진산인 검단산 1|
2 병자호란의 격전지 남한산 6 |
3 둔촌선생이 숨어살던 일자산 9 |
4 민족의 젖줄 한강(도미강) 12 |
5 하남의 땅이름 18 |
6 잘못 알려진 지명 23 |

2부 하남의 역사

1 선사시대 미사리 사람들 28 |
2 한강을 차지하라 36 |
3 삼국통일의 기반이 된 신주 39 |
4 광주의 대호족 왕규 46 |
5 고려시대의 광주목 50 |
6 외세 침략의 저항지 54 |
7 행정의 중심 광주유수부 59 |
8 일제강점기의 반일운동 64 |

3부 문화유적을 찾아서

1 선사시대란? 74 |
2 선사시대 사람들이 살았던 미사리 76 |
3 고인돌은 청동기시대의 무덤 79 |
4 성곽이란? 82 |
5 이성산성 86 |
6 교산동 건물지는 객사터? 94 |
7 하남에 절터가 많은 까닭 97 |
8 천왕사지는 언제 창건? 99 |
9 동사지는 황룡사지 만큼 큰 사찰 102 |
10 부처님의 사리를 모신 탑 104 |
11 광주 춘궁리 5층 석탑 107 |
12 광주 춘궁리 3층 석탑 109 |
13 불상은 부처님의 형상 112 |
14 춘궁리철조석가여래좌상 119 |
15 태평이년명마애약사불좌상 121 |
16 사리고개 석불 123 |
17 스님의 안식처인 부도 125 |
18 법화암의 부도 128 |
19 상사창동 연자방아 130 |
20 수운이란? 132 |
21 도미나루 134 |
22 상사창과 하사창 137 |
23 덕풍역 139 |
24 도미원 141 |
25 점과 주막 144 |

26 향교는 언제부터 있었을까? 147 |

27 광주향교 149 |

28 향교의 건물 150 |

29 재정과 유생의 수 153 |

30 향교의 기능은 제사와 교육 155 |

31 서원이 처음 건립된 것은? 158 |

32 노량진에서 옮겨진 사충서원 160 |

33 건물과 배치 164 |

34 서원에 배향된 인물들 166 |

35 전쟁의 기원 175 |

36 병자호란과 삼전도비 177 |

37 삼백용사가 순국한 법화골 182 |

38 천주교는 언제 들어왔을까? 186 |

39 천주교의 박해 189 |

40 하남의 구산성지 192 |

41 구산성지의 순교자 김우집 195 |

42 금석문이란? 199 |

43 신도비 204 |

44 묘 갈 210 |

45 묘정비 214 |

46 영세불망비 216 |

4부 인물과 전설

1 신돈에게 미움받은 둔촌 이집 220 |
2 효자 정성근 223 |
3 성경온의 처 열녀 이씨 225 |
4 광해군과 맞선 임숙영 226 |
5 세종대왕의 아들 밀성군 228 |
6 무신 이종생 230 |
7 전서체의 일인자 허목 231 |
8 천민 서흔남 233 |
9 천주교 신자 이벽 234 |
10 서유견문의 유길준 236 |
11 신소설의 작가 최찬식 239 |
12 독립운동가 이대헌 241 |
13 헌법학자 유진오 244 |
14 자유당의 내무부장관 최인규 246 |
15 전 설 248 |
16 도미부부 250 |
17 검단선사 252 |
18 탑산동 석탑 256 |
19 향교고개의 철불 260 |
20 사리고개 석불 266 |
21 법화골의 유래 268 |

참고문헌 272
찾아보기 274

산과 강, 땅이름 1

광주의 진산인 검단산

검단산은 높이가 해발 657m이며 하남시 창우동·하산곡동·상산곡동·배알미동·광주시의 일부를 끼고 있다. 이 산의 동쪽에는 팔당호 상류가 있고, 북쪽으로는 한강이 있다. 이 한강을 끼고 검단산과 예봉산이 마주하고 있으며, 남쪽으로는 남한산이 이어지고 있다.

삼국시대에는 하남시 일대가 백제의 영역에 속했기 때문에 검단산에도 백제와 관련된 이야기들이 전해지고 있으며, 조선시대의 기록에도 광주지역의 유일한 진산(鎭山)·숭산(崇山)으로 기록되어 있다. 진산·숭산이란 옛날 도읍이나 성(城) 등의 뒤쪽에 있는 큰 산을 이르던 말로, 그곳을 호위하는 주산(主山)으로 삼아 제사를 지냈던 곳이다.

검단이라는 이름은 백제시대의 승려였던 검단선사가 이곳에 은거했다고 해서 붙여졌다는 것이 널리 알려져 있는 말이다. 그런데 검단산의 '검'이라는 글자가 '신(神)' 또는 '크다'라는 의미가 있으므로 '신단이 있는 산', '큰 산', '큰 단이 있는 산'이라고

검단산 전경

정약용, 『아방강역고』 ··· 동쪽
으로 높은 산에 의지했다고 한
것은 검단산(광주고읍 동쪽)을
말한 것이요, 서쪽으로 큰 바다
에 막혔다고 한 것은 행주어귀이
다. ··· 북쪽의 한수를 띠었다는
것은 두미강(渡迷津)이다. 온조
의 옛 궁성은 본디 옛 광주읍에
있어 궁촌이라 불렀고, 여기에
사는 백성들은 참외를 심어 생업
으로 삼았다. 여기가 하남의 위
례성이다.

도 하고, 그 아래에 있는 '배알미' 라는 지명의 '미' 는 '뫼' 가 변
한 말로써 산을 의미하므로 '배알하는 산' 이라는 말도 있다.

　조선후기 실학자였던 정약용은 『삼국사기』의 백제 건국신화
에 나타나는 동쪽 높은 산을 검단산이라고 하였고 북쪽의 한수
(漢水)는 도(두)미강이라고 주장하였다. 도미강은 지금의 검단산
아래 팔당지역인데 도미부인의 전설과 관련이 있다.

　조선시대의 기록에는 허목이 자봉산(紫峯山) 아래에서 독서하
였다고 적고 있는데, 미수 허목은 조선후기의 문신으로 전서체
에 뛰어나 동방의 제1인자라는 찬사를 받았고, 삼척에 세운 척주
동해비로 유명한 인물이다. 그는 1624년(인조 2)에 광주의 우천
(牛川)에 살았는데 자봉산에 들어가 독서와 글씨에 전념하여 그의
독특한 전서체를 완성하였다고 한다. 이 자봉산이 바로 검단산
의 남쪽 봉우리이다. 허목은 황산에 묘소가 있는 일옹 박경응과
도 교유하였다.

조선시대에는 태종 이방원이 내시별감을 보내어 광주의 성황과 검단산의 신에게 제사를 지냈고, 또한 상왕과 함께 검단산에서 사냥을 즐겨하였다. 뿐만 아니라 세종 때에는 광주 검단산의 사냥 몰이꾼 2,000여명을 광주와 용인 아홉 읍(邑)에서 징발해 오기도 하였다. 창우리 아파트 부근에 군사훈련장인 강무장이 있었던 것으로 추정되며, 사냥은 군사훈련과도 밀접한 관계가 있었다.

옛날에는 비가 오지 않아 오랫동안 가뭄이 계속될 경우 비를 기원하는 제사를 하늘에 올리곤 하였는데 이것을 기우제(祈雨祭)라고 하였다. 반대로 비가 너무 많이 오면 비가 그치고 맑게 개이기를 바라는 제사를 올렸는데 이것은 기청제(祈晴祭)라고 하였다. 바로 이와 같은 제사를 검단산에서 지냈던 것이다.

그 외에도, 조선시대 우리나라는 유황이 잘 생산되지 않아 주로 일본과 중국에서 수입하여 사용했다. 그런데 숙종 때 광주 도미진 위의 군기시(軍器寺) 시장(柴場: 땔감을 마련하는 장소)에서 유황이 생산된다는 보고가 있자, 왕이 유황을 캐어 사용하도록 지시한 바가 있다. 도미진 위 시장은 바로 검단산이다.

검단산 정상에 올라 한강을 바라보면 남한강과 북한강이 합류하여 굽이쳐 서울로 흐르는 모습을 감상할 수 있다. 산이 험하지 않고 수려한 풍경을 간직하고 있어 하남시민은 물론 하남 인근에 살고있는 많은 사람들의 등산코스로 인기가 높다.

검단산의 등산로는 호국사 입구, 산곡초등학교, 창우동, 윗·아래배알미동에서 출발하는 등 여러 코스가 있다. 이 가운데 대표적인 등산로는 창우동에서 올라가는 길이다. 과거에는 43번 국도상에 있는 하산곡동(산곡초등학교) 방면으로 많이 올라갔으나, 요즈음에는 버스 종점이 있고 주차하기가 편리한 창우동 방면에서 올라가는 사람들이 많다. 여기에는 두 갈래의 길이 있는

검단산 등산로

『동국여지지』 검단산 주 동쪽 10리에 있는데 백제의 승려 검단이 살고 있었기 때문에 붙여진 이름이다. 남쪽 봉우리의 이름이 자봉이며 조선의 허목이 일찍이 그 아래에서 글을 읽었다.

3

데 하나는 국일에너지 뒤로 해서 유길준 묘소 입구를 거쳐 능선을 타고 올라가는 길이고, 다른 하나는 버스 종점에서 호국사를 거쳐 곱돌광산 약수터를 지나 정상으로 오르는 길이다. 능선으로 오르는 길은 가파르고 길어 힘이 들지만 한강을 뒤로하고 올라가기 때문에 경치가 아름답다. 그리고 곱돌광산 약수터를 경유하는 길은 비교적 넓고 편한 길이므로 무리가 가지 않는다. 이 약수터는 옛날 곱돌을 채광하던 광산의 갱도를 막은 곳에서 흘러 나오는 물로서 수량이 풍부하며 하남시민의 사랑을 받는 곳이다. 이곳에서 시원한 물을 한잔 들이키고 쉬어 가면 더욱 산행을 즐길 수 있을 것이다. 약수터를 지나면 솔밭이 나오는데, 여기부터 약 15분간 정상에 이르기까지는 매우 가파라서 몇 번을 쉬어야만 오를 수 있다.

한편, 산곡초등학교에서 출발하는 길은 검단산 조국순례길로 옛날 선인들이 양평으로 넘나들던 산길이라고 한다. 학교 울타리를 벗어나 모퉁이를 돌아 올라가는데, 낙엽송 숲과 계곡 물이 어우러지는 상쾌한 산길이 있다. 계곡의 물이 잦아드는 지점에서부터 가파른 경사가 시작된다. 고갯마루에 올라서면 정자가 있고, 남쪽으로는 거문봉으로 향하는 능선과 골짜기가 눈에 들어온다. 고갯마루 직전에 샘이 있는데, 이곳은 새능교회에서 오르는 등산로와 만나는 곳이다. 이곳에서 산꼭대기에 이르는 능선은 늦가을 억새풀의 황금빛 물결이 장관이다.

하산하는 길은 올라온 길을 되돌아 내려 갈 수도 있으나, 창우동의 유길준 묘소로 올라온 등산객은 산곡초등학교나 호국사 쪽으로, 호국사 쪽으로 올라온 사람은 유길준 묘소나 산곡초등학교로 내려가는 것이 좋다. 산 정상에서 팔당댐 방면으로 내려가는 길도 있으나 그곳으로 내려가면 교통이 좋지 않아 시간이 넉넉하지 않으면 피하는 것이 좋다.

정상에 오르면 쉴 수 있는 공터가 있고 옆의 예봉산과 운길산·용문산이 가깝게 보인다. 팔당호와 남한강·북한강이 합류하는 양수리 일대의 풍광은 보지 않은 사람이면 후회할 정도로 매우 아름답다. 이 풍경을 보기 위한 일념에서 산을 오르는 사람들도 많다.

　등산에 드는 시간이 왕복 3시간 정도이므로 마실 물을 준비하는 것이 좋다. 흙산으로 된 검단산은 험한 지역이 없기 때문에 일정한 등산로 없이 길 따라 올라가면 산의 능선과 만나게 되어 있다. 그러므로 길을 잃어버릴 염려가 없고, 나무가 울창하여 한낮에 올라가도 햇빛을 피할 수 있는 장점이 있다.

병자호란의 격전지 남한산

하남시 남쪽에는 유서 깊은 남한산이 자리잡고 있으며, 남한산의 양끝 자락은 객산과 금암산으로 연결되어 있다. 남한산에는 672년(신라 문무왕 12)에 처음 쌓았다고 기록된 남한산성이 사적 제57호로 지정되어 있다. 남한산성은 조선시대 선조와 광해군 때 한차례 개축하였고, 후금(後金)의 위협이 고조되고 이괄의 난을 치르고 난 뒤에 대대적으로 개수하여 오늘에 이르고 있다.

조선시대의 남한산성은 북쪽의 개성, 남쪽의 수원, 서쪽의 강화 지역과 함께 조선시대 서울을 지키는 외곽의 4대 요새로서 동쪽의 수도방위를 책임지던 곳이다. 과거의 군사 요새지였던 만큼 많은 전투가 벌어진 이곳은 병자호란의 애환이 서려있다. 청나라의 침입 때 조선의 인조가 이곳에서 항전하다가 끝내는 청군에게 무릎을 꿇어 수치스러운 역사의 주인공이 된 곳이다. 하남시 고골에서 남한산성으로 올라가는 등산로는 여러 곳이 있지

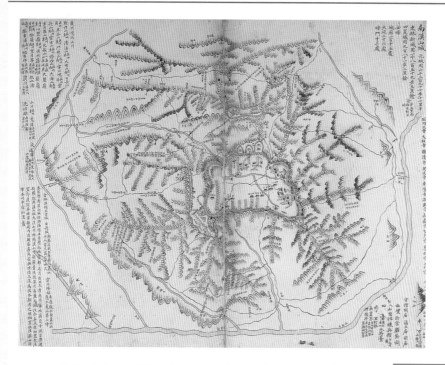

남한산성 고지도

만, 그 중의 하나가 법화암을 지나간다. 이 법화암은 남한산성 북문 밖에 자리잡고 있는데, 전하는 말에는 병자호란 당시 청 태종의 매부이며 후금을 세운 누르하치의 사위 양고리가 조선의 서기남과 전투를 벌이던 중 북문 밖에서 전사하였고, 조선이 항복한 후 청 태종은 법화장군 양고리의 넋을 추모하기 위해 이곳에 사찰을 세우고 법화암이라 불렀다고 한다.

고골에서 남한산성 북문으로 가는 길은 약 1.5km로 30분 정도면 올라간다. 고골 입구에서 표지판을 보고 10분쯤 올라가면 좁은 길이 나오고, 여기서 다시 5분 정도 올라가면 구불구불한 넓은 길이 나오는데, 옛날 남한산성으로 군량미를 수송하던 마차길로 추측된다. 이 길을 오르면 남한산성의 북문이 눈에 들어온다. 여기서 동쪽으로 가면 벌봉이, 서쪽으로 가면 수어장대가 나온다.

한편, 고골 입구에서 벌봉으로 가는 등산길도 1.0km 정도 된다. 고골 입구에서 5분쯤 올라가면 성문사가 보이는데, 이 절을 끼고 올라간다. 매우 가파른 이 길을 올라가다 보면 약간의 평지가 나오는데, 등산객들이 이 텃밭을 이용하여 농작물을 기르고 있다. 마찬가지로 벌봉에서 서쪽으로 가면 북문이 나온다. 남한산성의 성곽을 따라 돌 수도 있으며, 그 소요 시간은 1시간 조금 더 걸린다.

　등산로 입구인 고골로 가는 길은 향교 사거리에서 남한산성 쪽으로 올라가면 되는데, 마을버스가 다닌다. 주차 공간도 마련되어 승용차를 이용하는데 큰 불편이 없고, 음식점이 많아 내려오는 길에 식사를 해결할 수도 있다.

둔촌선생이 숨어살던 일자산

감북동 배다리에서 초이동에 이르는 남북으로 길게 뻗은 야산이 바로 일자산이다. 남쪽으로는 서하남 톨게이트, 서쪽으로는 올림픽선수촌아파트와 둔촌동아파트에 접하고 있으며 보훈병원을 아래로 내려다보고 있다. 북쪽으로는 서울시 고덕동과 상일동에 접해 있는 해발 300m 정도의 나지막한 야산이다. 그러나 남북의 길이가 무려 5km에 이르는 산으로 종주하려면 2시간 이상 걸린다.

일자산에는 감북동 공원묘지 뒷편에 고려 말 둔촌 이집(李集)이 동굴을 파고 숨어살던 토굴이 있다고 하며, 정상부에는 이집이 자손에게 가르치던 훈교비가 서 있다.

이집은 광주이씨인데 이들의 시조는 신라 때의 이자성(李自成)으로서 원래 그 후손들이 경상도에 살고 있었다. 935년(태조 18) 신라의 경순왕(敬順王)이 고려 태조에 항복하자, 이들은 이에 불복하고 절의를 지켰다. 태조는 그들의 관직을 빼앗고 경상도 칠원에서 회안(准安 : 하남)으로 옮겨 살게 하였다. 이후부터 그들은 하남을 본거지로 하여 살게 되었다.

고려 말에 대학자였던 이집은 당대의 저명한 학자인 이색(李穡)·정몽주(鄭夢周)·이숭인(李崇仁)·정도전(鄭道傳) 등과 교류하면서 높은 절개를 지니고 있던 사람이다. 이런 그가 고려 말 신돈을 탄핵하였다가 그의 미움을 사 관직을 버리고 숨어 지내다가 신돈이 죽은 후 개성으로 돌아왔으나 곧 자신의 연고지인 남한강변의 여주로 낙향하였다. 그가 한때 이곳 일자산에 은거하고 있으면서 호를 둔촌이라 하였는데 지금의 서울시 강동구 둔촌동의 이름이 여기에서 유래된 것이다. 일자산 정상에 있는 이집의 훈교비는 오늘날도 많은 사람들에게 교훈을 주고 있다.

독서는 진정 어버이의 마음을 기쁘게 하는 것이니
시간을 아껴서 공부하는데 힘써라.
늙어서 무능하면 공연히 후회만 하게 되니
머리맡의 세월은 빠르기만 하느니라.
자손에게 금을 광주리로 준다해도
경서 한권을 가르치는 것만 못하니
이 말이 비록 쉬운 말이지만
너희들을 위해서 간곡하게 일러둔다.

훈교비 내용을 보면 자녀에게 재물을 물려 줄 것이 아니라 글을 가르치는 것이 보다 중요하다는 가르침이다. 이러한 그의 철학 때문인지는 몰라도 그의 많은 자손들이 조선시대 때 명망을 떨쳐 광주이씨의 가문을 빛내었다.

이 산은 서울과 바로 접해 있어 하남 시민보다는 서울 시민들이 더 많이 이용하고 있다. 따라서 대부분의 하남 시민은 이 산을 서울 강동구나 송파구의 산으로 잘못 알고 있다.

올라가는 길은 배다리에서 정상 길을 따라 오르는 길과 보훈병원 뒤의 가파른 언덕으로 오르는 길, 가무나리와 대사골 안길, 초이동에서 오르는 길 등 여러 곳이 있다. 일자산을 오르는 길에는 울창한 잡나무 군락이 있고, 그린벨트 지역이어서 길동과 둔촌동 주민들이 이른 아침부터 삼림욕을 즐기며 산책을 하기에 적당하다. 일자산의 능선길은 완만하여 힘이 들지 않기 때문에 남녀노소 누구든지 쉽게 오를 수 있다. 또한 배드민턴장과 약수터 등이 많아 이른 새벽에 사람들이 많이 찾는다. 옹달샘과 약수터가 3~4개 있고, 정상에는 해돋이 광장이라 불리는 곳이 있다.

민족의 젖줄 한강(도미강)

우리는 흔히 한강을 '민족의 젖줄' 이라고 부르며 국가의 발전을 표현할 때 '한강의 기적' 이라고 한다. 이것은 한반도 중부를 가로지르는 한강이 그만큼 우리 민족에게 많은 영향을 미치고 있음을 의미하는 것이다. 이러한 한강이 하남시의 외곽을 감싸고 돌며 흘러간다는 것은 상대적으로 하남의 지리적 중요성을 일깨워 주고 있는 것이다.

우리나라의 대표적 하천인 한강은 강원도 태백시 금대산 북쪽 계곡에서 발원한 남한강과 금강산에서 발원한 북한강이 각각 경기도 남양주시 화도읍 능내리 부근에서 합류하여 팔당을 지나 용산 남쪽을 흘러 서해로 들어간다. 한강 본류의 길이는 497.5km이며 여러 개의 지류가 나무모양을 띠고 있다. 하남시에서의 한강은 윗배알미를 시점으로 하고 하일 인터체인지 부근의 선동을 종점으로 하여 하남시의 북쪽으로 15.5km를 흐른다.

한강은 역사적 변천과 함께 '한수', '아리수', '욱리하', '왕봉

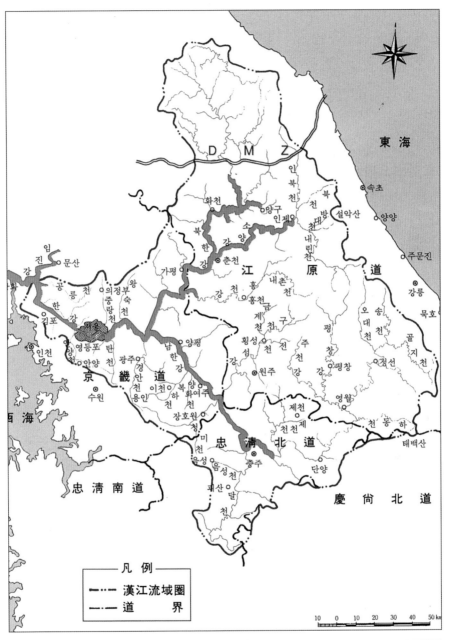

한강의 유로 지형도

경강부 임진도

하', '한산하', 등 여러 가지 이름으로 불리어 왔는데, 하남사람들은 하남시 구간을 도(두)미강, 도미협이라고 불렀다.

하남시의 미사리에는 선사시대부터 인류가 거주하면서 한강의 물고기를 잡아 먹으며 생활한 흔적들이 남아있다. 도미나루에서는 우리의 조상들이 물줄기를 이용하여 이동하였음을 보여주고 있다. 또한 한강 상류에서 내려오는 각종 물자는 하남시에 도착하여 저장되었다가 서울로 들어가기도 하였다.

도미협을 지나면 한강의 유속은 완만하게 흐르면서 당정리·미사리 등의 모래섬을 중심으로 갈래를 이루다가 다시 합쳐져 큰 호수를 이루니 이름을 '태호' 또는 '둔지호'라 하였다. 현재는 팔당댐에 의해 수면이 낮아져 그 모습을 상상하기 어렵지만 예전에 홍수가 날 때는 넓은 바다를 연상시켜 옛 문헌에서는 그 길이가 10리에 이른다고 하였다. 그 서쪽 강가에는 홀연히 솟은 언덕, 즉 구산이 있어서 한강의 물길은 이를 감돌아 서쪽으로 흘러가는데, 당시 뱃사공들은 이를 표시삼아 뱃길을 저어갔다. 구산을 감도는 바로 그곳에 둔지가 자리하고 있으니, 이곳은 백제 초기부터 배닿는 마을로서 많은 사람들이 모이던 곳이다.

오늘의 선동마을은 후에 둔지에서 옮긴 마을로서, 본래는 강

팔당댐

변쪽 가까이 있었다. 1925년 을축년 홍수 당시 서울시 강동구 암사동 점촌마을 부근에서 출토된 백제의 기와편에 새겨진 명문에 '해구선(蟹口船)'이란 배이름이 보이는데, 해구는 해천의 입구란 뜻이다. 해천은 하남시 금암산에서 발원하여 초이동·초일동·상일동·하일동 등을 거쳐 가래여울, 즉 추탄으로 진입하는 하천으로서 오늘날에는 고덕천이라 부른다.

현대에 이르러 각종 댐이 건설되면서 홍수로부터 어느 정도 안전을 확보하게 되었는데, 하남시에 있는 팔당댐은 하남시를 비롯하여 경기일원과 서울시민의 식수로서 중요한 역할을 하고 있다.

언제부터인가 미사리에는 카페촌이 들어서면서 밤이면 불야성을 이루어 가까운 서울에서 많은 사람들이 다녀가곤 한다. 또한 88 서울올림픽 때 미사리 조정경기장이 만들어지면서 조정과 카

누경기가 이곳에서 열렸고 이후 휴일에는 많은 인파가 북적거리는 명소가 되었다. 최근에는 경정장이 들어서 시합이 있는 날에는 많은 사람들이 몰리고 있다. 경기장 일대에는 나무고아원은 물론 팔당대교까지 이어지는 산책로 및 자전거 하이킹코스 등 각종 생활 체육시설이 들어서 있다.

▲ 미사리 까페촌
▶ 미사리 까페촌(내부)

경정장

하남의 땅이름

지명은 땅에 붙여진 이름을 말한다. 사람에게 이름이 있는 것과 마찬가지로 땅에도 이름이 있다. 이것은 사람들이 땅을 인식하고 다른 땅과 구별하기 위해서 붙인 것이다. 우리 조상들도 이 땅에 정착하여 생활하면서 곳곳에 알맞는 지명을 정하고 이를 일상생활에 써왔다. 따라서 지명은 그 속에 우리 조상의 생각과 의지가 담겨진 지명도 있고, 생활모습을 나타내는 지명도 있어서 우리의 역사와 삶의 모습을 찾을 수 있는 귀중한 문화유산이다.

지명에는 자연과 관련된 지명도 있고 산(상)업이나 교역, 인물, 풍수지리, 종교, 전설, 역사, 합성지명 등이 있다. 여기서는 우리가 살고 있는 하남시를 중심으로 하여 우리 고장에는 어떤 지명들이 있는지 알아보자.

자연적인 지명에는 동서남북과 같은 방위를 표시하는 지명으로부터 산·천(강)·곡(谷)·포(浦) 등과 같은 광범한 지형의 지역 이름 외에 기타의 특수 지형을 나타내는 지명도 있다. 예를 들면 하남시는 광주군의 동부면과 서부면, 그리고 중부면 일부가 합쳐져 시가 되었는데 동부·서부·중부 등이 방위와 관련하여 나타난 지명이라 할 수 있다.

한국의 산에는 산·봉·악(岳·嶽) 등이 붙여진 것이 많으나 그 밖에도 암(岩)·대(臺)·단(壇)·덤(더미·퇴미·티미)·응(鷹)·목(項)·당(堂) 등과 같이 독특한 산지를 나타내는 지명이 많다. 하남시의 경우 항동(項洞)은 남한산성을 오르내리는 길목이라 하여 목 '항(項)'자를 붙였으며, 하산곡동의 '막은데미'도 역시 같은 뜻으로 보여지고, 천현동의 응봉(鷹峰), 조응곡(鳥鷹谷)도 같은 의미이다. 황산(荒山)은 거친 뫼, 구산(龜山)은 거북이처럼 생겼다고 하여 붙여진 이름이다.

하천과의 위치 관계에 따라 강의 동·서안에 있으므로 하동(河東)·강서(江西)라는 지명이 생겨났는데, 하남(河南)도 역시 강의 남쪽을 가리킨다. 물맛이 좋다 하여 달내(達川 : 단물이라는 뜻)·감물(甘勿 : 단물이라는 뜻)·감천(甘川) 등의 지명이 나타났다. 지금의 하남시 감북동도 원래 지명이 감천리(甘川里)인데 마을 사람들은 '가무나리'라고 불렀다.

강의 합류점은 교통편이 좋아서 취락이 잘 발달한다. 합수(合水)·양수(兩水)·합천(合川)·양강(兩江)·교하(交河) 등의 지명이 많이 붙여져 있다. 하남시 바로 위쪽에 위치하고 있는 남양주의 양수리가 그 예이다. 양수리는 북한강과 남한강이 만나는 지점으로 두 물줄기가 만나는 머리에 해당된다고 하여 '두물머리'라고 불렀다. 상산곡동의 합수개도 물이 합쳐지는 곳이어서 붙여진 이름이다.

한국의 온천에는 온천·온정(溫井) 등과 같이 온(溫)자 지명이 있고, 물과 관련된 정(井)·천(泉)·수(水)·지(池) 등과 같은 지명도 많으며, 수원(水原)·김천(金泉)·정읍(井邑)·예천(醴泉) 등도 우물과 관계되는 큰 고을의 지명이다.

하남시 풍산동의 온천마을은 '더너물', 온정(溫井) 등으로도 불리었고, 천현동(泉峴洞) 역시 샘이 나는 고개, 즉 '샘재'로서 물과 관련된 지명이다. 감북동의 정림(井林)도 역시 샘이 나는 마을, '샘말' '참샘골'이다. 은고개 약수터는 원래 이름이 한천(寒川) 약수터였다고 한다.

도자기의 산지 같은 경우, 흔히 사기리(砂器里), 사기막골 등의 지명이 많으며, 그외 옹(甕)·와(瓦)가 붙은 지명이 각지에 널리 퍼져 있는데, 춘궁동의 와야곡(瓦冶谷)도 기와를 굽던 곳이라고 하여 붙여진 이름이다.

축산업이 일찍이 발달함에 따라서 우(牛)·마(馬)·마장(馬場)·목(牧) 지명이 나타났는데, 상산곡동의 마장(馬場)이도 말과 관련이 있다.

인물과 관련해서 나타난 지명은 압구정동, 둔촌동 등을 들 수 있다. 압구정은 조선 세조 때의 권신 한명회의 호를 딴 정자이름인 압구정이 한강가에 있었기 때문에 나타난 지명이고, 둔촌동은 광주이씨 둔촌 이집으로 인해서 생겨난 지명이다. 하남시 수리골에 광주이씨 집성촌이 있고 그 건너편에는 지금도 광주 이씨 시조인 이당의 부인 묘가 있다. 둔촌선생 이집은 그의 둘째 아들이다.

종교와 관련된 지명은 역시 절과 관련된 것이 많다. 하사창동의 부처골, 사리말도 절과 관계있는 지명이고, 그외 불당골, 부처거리, 사리고개, 사막골, 법화골 등 하남시 곳곳에 절과 관련 있는 지명이 많다.

역사적인 것과 관련있는 지명은 고골, 교산동, 향교말, 너른바위, 칠성바위, 평암마을 등을 들 수 있다. 고골은 읍치(邑治)가 있

한명회(韓明澮) …1415(태종 15)~1487(성종 18) 조선 세조 때의 문신. 자는 자준, 호는 압구정, 시호는 충성공(忠成公)이다. 1453년(단종 1) 수양대군을 도와 계유정란을 일으켜 단종을 폐위하고 세조를 즉위시키는데 큰 공을 세웠으며, 성삼문 등 사육신의 단종 복위 운동을 좌절시키고 이들을 주살하였다. 이 공으로 상당부원군에 제수 되었으며, 벼슬은 영의정에 올랐다. 예종과 성종의 장인으로 당시 최고의 권세를 누렸다. 연산군이 즉위한 후 연산군의 생모인 폐비 윤씨 사건과 연루되어 부관참시 되었다.

읍치 고을을 다스리는 관아가 있던 곳

던 곳이라서 생겨난 지명이고, 교산동과 향교말은 역시 향교가 있었기 때문에 붙여진 이름이다. 너븐바위나 칠성바위, 평암마을은 고인돌이 있기 때문에 생겨난 지명이다.

무덤과 관련있는 지명은 새능, 능안 등이 있다. 새능은 하산곡동에 있는 지명인데 기계유씨 충목공 유홍의 무덤이 있는 곳이다. 감북동의 능안은 능성구씨의 집성촌인데 무엇을 가지고 능이라 했는지 확인이 되지 않고 있다.

조선시대에는 역원제(驛院制)가 완성되어서 각지의 역(驛)·마(馬)·파발(把撥)·원(院) 등이 있어 이와 관련된 지명들이 나타나고 있다. 덕풍동의 '역말'은 덕풍역이 있던 마을이고, 도미나루 근처에는 도미원이 있었다. 강동구의 명일동도 역시 명일원이 있던 곳이다. 천현동의 '마방'이라는 음식점 이름도 이와 무관치 않다고 한다. 이보다 먼저 여행을 하는 사람들을 위하여 참(站)·주막(酒幕)·거리(巨里)·정(亭)이 붙은 지명이 많음을 볼 수 있다. 상산곡동의 동수막도 주막이 있던 곳으로 보여진다.

포구(浦口)에는 포(浦)·진(津)이 붙은 지명이 많고, 당진(唐津)은 중국에, 청진(淸津)은 청(淸)에, 탐진(耽津)은 제주도(耽羅)에 대한 도진(渡津)이었다. 하남시 가까이에는 강동구, 광진구의 광나루(廣津), 남양주의 용나루(龍津) 등이 있고, 하남시 풍산동의 망월포, 창우동의 도미진 등이 이와 관련된 지명들이다. 또한 선동(船洞)이나 둔지도 나루와 관련이 있는 지명이다.

봉수제(烽燧制)와 조창제(漕倉制)의 완비에 따라 각지에 봉(烽)·수(燧)·창(倉) 지명이 많다. 하남에는 봉수는 없지만 상사창동, 하사창동은 창고가 있었다고 하여 붙여진 이름이고, 창우리, 창모루 역시 같은 의미이다. 또한 시장이 교역의 중심을 이루었으므로 각지에 시(市)·장(場) 지명이 있는데 고지도에 나타나는 덕풍장이나 신장시장 근처의 장터말 등이 그것이다.

봉수 전쟁이나 변란 따위의 국가적 위기상황을 신속하게 중앙에 알리기 위해 산 정상에서 횃불을 올리던 제도

방어취락(防禦聚落)으로는 진(鎭)과 영(營) · 둔전(屯田) 등이 있고, 각지에 산성(山城) · 토성(土城) 등의 지명이 많으며, 오늘날 큰 지명에도 성(城) · 진(鎭) 등이 붙은 것이 많다. 이성산성 근처의 성산동(城山洞, 聖山洞)이 여기에 해당된다.

　그외 창우동의 작평리(鵲坪里)는 까치가 많은 곳이라 이렇게 부르고, 신장동의 석바대는 원래 이름이 석해평(石海坪)이므로 '석바다'로 불러야 맞다. 신평리(新坪里)는 '새뜰'이라고 할 수 있는데 여기서 '새'는 새롭다는 뜻이 아니라 '억새'라는 이야기도 있다.

잘못 알려진 지명

춘궁동은 '춘궁(春宮)'이라는 지명 때문에 '왕자궁'이 있었던 곳이냐고 물어보는 사람들이 많다. 그러나 춘궁동은 원래 춘장리와 궁말(마을)이 합쳐서 만들어진 합성지명에 불과하다.

궁말에 대해서는 한성백제시대 온조의 왕궁지가 있었기 때문에 붙여진 지명이라고 주장하는 사람들도 있지만, 사실은 이곳에 능창대군의 묘가 있었기 때문에 궁말이라는 지명이 붙여졌다고 생각된다. 예를 들면 강남구 수서동도 옛날 궁말·궁촌이라고 불리웠는데, 그것은 조선 태조의 아들 무안대군과 광명대군의 묘가 있기 때문이다.

배알미(拜謁尾)의 지명에 대해서, 경기도 방언으로 산비탈 아래를 비알밑이라 부르고, 배알미가 지형상으로 검단산 비탈밑의 마을이므로 배알미로 부르게 된 것이 아닌가 하는 얘기도 있고, 고구려 동명의 묘(廟)가 검단산에 있는데, 백제인들이 동명묘에 배알하던 곳이기 때문에 배알미가 된 것이라는 말도 있다.

그러나 경기도에서 발간한 『지명유래집』에서는 한양에서 벼슬하던 문신이나 무신이 한양을 떠나 어느 정도 지점에 이르면 한양을 보고 절을 하는 데, 강을 이용해 한양을 떠나는 대신들이 이곳에 다다르면 한양이 보이지 않게 되는 위치이기 때문에 이곳에서 절을 했고 이로 인해 배알미라 칭한 것으로 추정된다고 하였다. 이 얘기는 꽤 신빙성이 있는 말이다. 예를 들면 유성룡의 『서애집』에는 유성룡이 용진(龍津)을 건너 양근(楊根) 대탄(大灘)에서 머무른 기록이 있는데, 그 기사에 보면

> "이 날 행차가 도미천에 이르러 삼각산을 바라보고 말에서 내려 (왕궁을 향해) 네 번 절했는데, 대개 여기를 지나면 다시는 서울의 산을 볼 수 없었기 때문이다"

라고 쓰고 있다.

유성룡(柳成龍) 1542(중종 27)~1607(선조 40) 조선 선조 때의 명재상으로 자는 이견, 호는 서애, 시호는 문충공(文忠公)이다. 1592년 임진왜란이 일어나자 선조를 호종하여 평양에 이르렀다. 이순신과 권율 등을 등용하였으며, 명나라 군사와 연합하여 평양성을 수복하는 등 전란 극복에 큰 공을 세웠다. 벼슬은 영의정에 올랐으며, 풍원부원군에 봉해졌다. 저서로 『서애집』과 『징비록』·『영모록』이 전한다.

동경주에 대해서는 『지명유래집』에는 동쪽에서 제일 큰 고을이라서 동경주로 불렀다고 하고, 이철재의 『하남의 역사』에서는 동강난 쥐봉이 동경주로 변화하였다고 쓰고 있다. 그러나 교산동에 많이 살고 있는 함평 이씨 족보에는 이곳을 동정(東亭)·동정자(東亭子)라고 기록하고 있고, 또 『조선왕조실록』 태종 13·14년에 태종이 광주 동정에 머물렀다는 기록이 나오는 것으로 보아 동경주의 원래 이름은 동정이 맞다. 예를 들면 「공주동정기(公州東亭記)」에는 큰 주(州)나 부(府)에는 반드시 영춘정(迎春亭, 東亭)이 있다고 쓰여져 있는데, 이 기록으로 보아 광주에도 당연히 동정이 있었을 것이며, 그곳이 지금의 동경주인 것이다. 일제시대 말기 이곳 동경주에는 주재소와 면사무소 등이 있었다고 한다.

하남에서 광주 방향으로 가다보면 은고개라는 곳이 있고, 그

너머 우측 마을이 광주시 중부면 엄미리(奄尾里)이다. 『지명유래집』에는

> "한양에 사는 엄 정승이 산세가 좋은 이곳이 명당자리가 많아 묘를 쓰고자 하여 이곳에 있는 고개를 지나오면서 고갯마루에서 내려다 보니 고개의 모양이 뱀의 꼬리 같다고 하여 자신의 성을 따고 꼬리 미(尾)자를 붙여 엄미리라 칭하게 되었다"

고 써 있다.

그런데 은고개의 원래 지명이 엄고개(奄峴)였던 것을 생각하면 엄고개가 은고개로 바뀌었고, 엄고개의 꼬리 부분에 해당되는 마을이 엄미리가 아니었을까 생각한다. 조선시대만 해도 이 고개는 아주 깊은 골짜기였고 그 아래에는 엄현점이라는 주막이 있었다. 엄미리에는 이방원의 동생 의안대군 이방석이 묻혀 있는데 아마도 귀양가다 이 고개에서 살해되었고 그래서 이곳에 묻히게 된 것이 아닌가 생각된다.

선사시대 미사리 사람들

구석기시대는 돌을 떼어서 도구를 만들던 시대였기 때문에 이 시기를 다른 말로 뗀석기(타제석기)시대라고도 부른다. 구석기 사람들은 뗀석기를 여러 가지 용도에 사용하였다. 짐승을 사냥하고, 가죽을 벗기거나 고기를 자르고, 나무를 베고, 식물의 뿌리를 캐는데 사용하였다. 석기는 무덤의 부장품으로도 이용되었다. 또한 이들은 불도 사용할 줄 알았다. 불은 맹수의 공격을 막아내고, 추위를 이기며 음식을 만드는데 사용되었다.

이 시대 사람들은 작은 무리를 지어 떠돌이 생활을 하였으며 짐승을 사냥하고 식물을 채집하면서 생활을 하였다. 그들은 물이 흐르는 들판과 언덕진 곳에 막집을 짓거나 동굴과 바위그늘을 이용하며 살았다.

경기도의 구석기시대 유적은 주로 강가에서 발견되었다. 한강변의 양평을 비롯하여 고양, 일산 등에서 구석기 유적이 발견되었고, 한탄강의 연천 전곡리, 임진강의 파주 금파리 등에서도 구

암사동 움집

석기 유적이 발견되었다. 하남시에도 구석기 유적이 있을 것으로 생각되지만 아직까지는 발견되지 않고 있다.

신석기시대에 들어오면 구석기시대에 비해 사람들의 생활에 변화가 나타난다. 농사를 짓고 가축을 기르기 위해 떠돌이 생활을 청산하고 한 지역에서 크고 작은 마을을 이루며 정착생활을 시작하게 된다. 한 곳에 정착생활을 하기 위해서는 추위나 더위를 피하고 비바람을 막을 수 있는 집이 필요했다. 신석기 사람들은 주로 움집을 짓고 살았는데, 온도를 유지하고 음식을 만들기 위해 움집 안에는 돌로 테를 두른 화덕시설을 갖추었다.

신석기시대에는 도구를 만드는 기술이 한층 발전하였다. 이들은 돌을 갈아서 간석기(마제석기)를 만들었다. 또 신석기시대에는 토기를 만들어 사용했다는 것이 특징이다. 토기는 음식물을 만들고 곡식이나 열매를 저장하고 물을 운반하는데 반드시 필요한 것이었다.

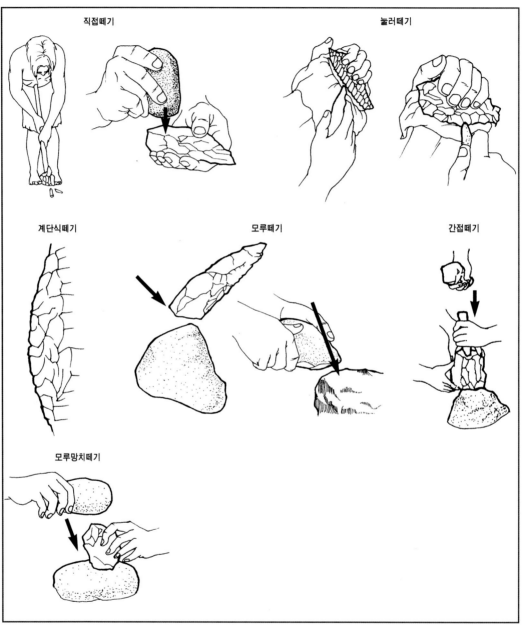

직접떼기 눌러떼기

계단식떼기 모루떼기 간접떼기

모루망치떼기

구석기 제작과정

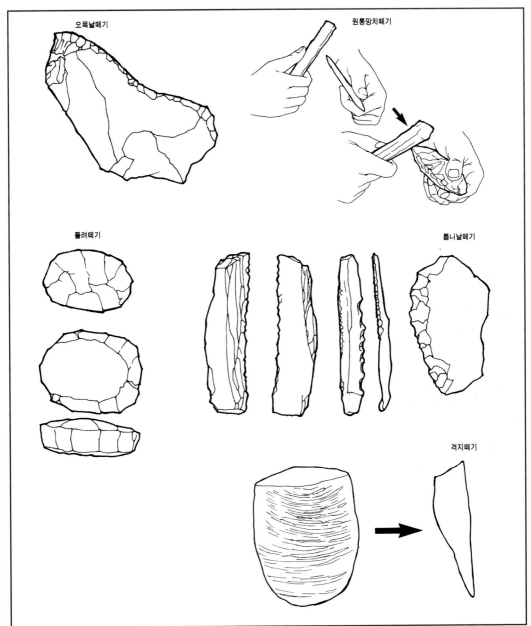

오목날떼기

원통망치떼기

돌려떼기

톱니날떼기

격지떼기

석기제작 과정

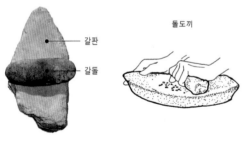

갈판

갈돌

돌도끼

돌 자르는 법

주먹대패 사용법

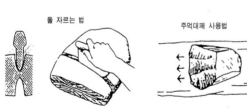

그밖에 이 시대가 되면 도구의 사용이 세분화되어 농경용 도구인 팽이·보습·목공용 도구인 도끼·끌·사냥용 도구인 화살촉·창끝·낚시바늘·그물추·작살·곡물을 갈기 위한 갈돌과 갈돌판, 실을 뽑기 위한 가락바퀴, 옷을 짓기 위한 뼈바늘 등이 나타난다.

신석기 사람들도 역시 강가에서 생활하였다. 한강 유역에서는 하남 미사리·남양주 수석동·동막동·고양·일산지역 등에서 신석기 유적이 발굴되었는데, 미사리의 경우 기원전 4000년 경의 유적이다.

청동기시대에도 여러 가지 사회적 변화가 일어났다. 사회의 규모가 커지고, 움집의 형태도 변하고, 농경기술이 발전하였다. 농경의 발달은 생산력의 증가와 이에 따른 빈부의 격차를 만들어냈다. 또한 빈부의 격차는 사회 구성원 간에 불평등한 관계를 만들었고, 이러한 불평등 사회는 계급사회로 연결되었다. 우리나라 최초의 국가 고조선이 탄생하는 시기가 이때이다.

청동기시대에 들어오면서 농경기술은 많은 발전을 보게 된다. 보습·삽·팽이·반달칼 등을 이용하며, 오곡(벼·보리·조·콩·기장)을 심고 거두었다. 청동기시대 사람들도 움집을 짓고 살았다. 그러나 움집의 규모는 신석기시대 보다 컸으며, 집 자리의 둘레는 긴 네모꼴이 대부분이다. 움집 안에는 화덕을 설치하였고 바닥에는 갈대로 엮은 돗자리를 깔기도 하였다. 어떤 유적에서는 100여 채가 넘는 집 자리가 한 곳에서 발굴되어 당시 마을의 인구가 수백 명에 달했음을 알려준다.

이제 인류는 청동기 제작을 통하여 금속문명 시대로 진입하였다. 청동은 구리에 주석, 아연, 납 등을 섞어 만든 쇠붙이를 말한다. 청동기시대 초기의 청동제품은 장식품이 많지만 후기에는 동검, 거울, 도끼와 같은 제품이 생산되었다. 비파형 동검과 줄무늬 거울은 한국의 청동기시대를 대표하는 유물이다.

토기에도 새로운 변화가 일어났다. 신석기시대의 대표적인 빗살무늬토기가 사라지고 무늬가 없는 민무늬토기(무문토기)가 주류를 이루지만 붉은 간토기와 입술 아래쪽을 돌아가며 작은 구멍을 일정한 간격으로 낸 공열토기도 출현한다. 청동기시대 후기에는 검은 간토기와 입술 바깥쪽에 찰흙띠를 덧붙여 두른 점토띠토기도 나타난다. 청동기시대의 토기는 신석기시대에 비하여 크기와 종류가 매우 다

도끼 사용법

가락바퀴(紡錘車)

가락바퀴 사용법

윤적법(테쌓기법)

권상법(서리기법)

토기 제작과정

양한 편이다. 이것은 이 시기의 일상생활이 신석기시대보다 한층 다양해졌으며 용도별로 토기의 쓰임새가 더욱 세분화되었다는 것을 의미한다.

청동기시대에도 역시 돌을 갈아서 도구와 무기를 만드는 일이 많았다. 화살촉, 가락바퀴, 돌도끼, 대패날, 그물추, 간돌검 등이 그것이다.

경기도에서 발굴된 청동기시대의 유적은 집터와 무덤이 대부분이다. 청동기시대 집터는 강가 또는 가까운 곳에 물이 흐르며 언덕진 지대에 주로 분포한다. 집터는 하남 미사리와 최근에 발굴된 덕풍동, 파주, 남양주, 여주, 고양, 일산 등에서 발굴되었다.

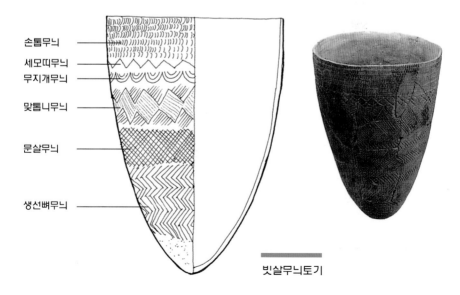

손톱무늬
세모띠무늬
무지개무늬
맞톱니무늬
문살무늬
생선뼈무늬

빗살무늬토기

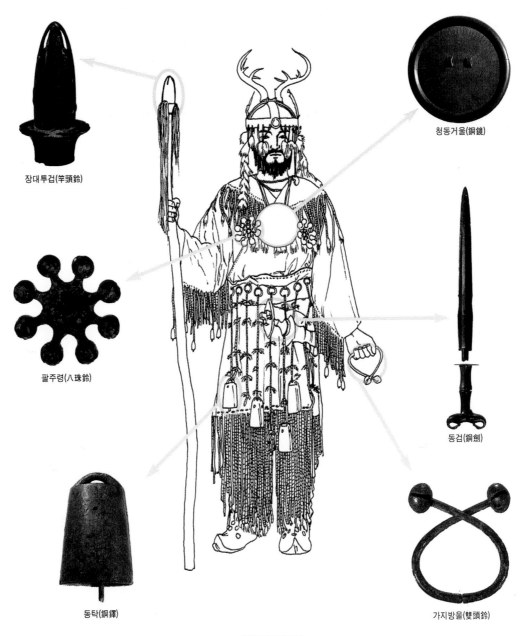

장대투겁(竿頭鈴)

청동거울(銅鏡)

팔주령(八珠鈴)

동검(銅劍)

동탁(銅鐸)

가지방울(雙頭鈴)

제사장 모습

한강을 차지하라

삼국시대 『삼국사기』에 나타나
는 삼국의 건국연대는 신라(B.C
57), 고구려(B.C 37), 백제(B.C
18)인데, 이로부터 백제멸망
(660), 고구려멸망(668)까지 약
700여년간을 삼국시대라 한다.

삼국시대란 고구려 · 백제 · 신라가 한반도에 나라를 세운 이후 신라에 의해 통일되기 이전까지의 시기를 말한다. 고구려는 한반도 북부지역의 커다란 영토를 배경으로 성장한 나라로서 우리 민족의 진취적인 기상을 엿보여 주었다. 백제는 한강유역에 도읍을 정한 이후에 오늘날의 전라도와 충청도 일대를 배경으로 소박하면서도 정취가 있는 문화를 간직한 나라이다. 그리고 오늘날의 경상도 일대를 배경으로 성장한 신라는 비록 삼국 가운데서 가장 늦게 국가체제를 갖추었지만 찬란한 문화를 배경으로 삼국통일의 위업을 달성한 나라이다.

물론 이들 삼국은 고조선으로부터 이어지는 하나의 민족이다. 이들은 한반도에서 서로 주도권을 차지하기 위해 싸움도 하고 화해도 하면서 경쟁적으로 국가의 발전을 위해 노력하였다. 그들이 가장 첨예하게 대립한 지역적인 장소가 바로 하남을 포함한 한강 일대이다. 제일 먼저 백제가 한강 유역을 중심으로 한

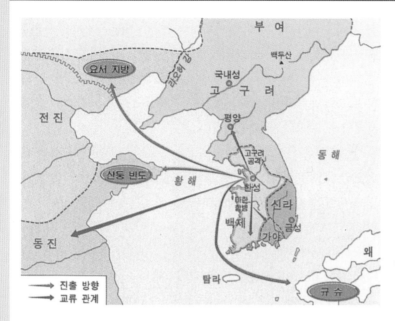

4세기 백제의 전성시대

하남위례성에 도성을 쌓고 한강의 지리적 이점을 이용하여 고대 국가로 성장하였다. 그후 고구려의 공격을 받아 백제는 공주로 도읍을 옮기고 한강유역은 고구려가 차지하게 되었다. 한강유역을 고구려에 빼앗긴 백제는 신라와 동맹을 맺고 함께 고구려에 대항하기로 약속하였다. 그리하여 신라의 진흥왕과 백제의 성왕이 힘을 합쳐 한강유역을 공격하였다. 그 결과 551년(진흥왕 12) 고구려의 10개 군을 빼앗고 성공적으로 한강을 되찾았다. 그러나 한강유역을 차지하고 있던 백제는 553년(진흥왕 14)에 다시 신라에 빼앗기는 비운을 겪게 되었다. 신라의 진흥왕은 백제와 함께 한강유역을 차지한 이후 백제와의 동맹을 깨뜨리고 한강유역을 독차지하였던 것이다.

백제는 그토록 회복하고 싶어했던 숙원의 땅을 신라의 배신으로 인해 다시 빼앗기게 되자 신라와의 전면적인 전쟁을 벌이게 되었다. 당시 백제의 성왕은 한강유역을 회복하기 위하여 총력

『삼국사기』백제건국

…주몽이 북부여에 있을 때 낳은 아들 유리가 와서 태자가 되자 비류(沸流)와 온조(溫祚)는 태자에게 용납되지 못할까 두려워하여 마침내 오간·마려 등 열 명의 신하와 함께 남행하였는데, 따라오는 백성이 많았다. 드디어 한산(漢山)에 이르러 부아악에 올라 가히 살만한 곳을 바라보았다. 비류는 해변에 살기를 원하였으나 열 명의 신하가 간하기를, "생각건대 이 하남의 땅은 북은 한수(漢水)를 띠고, 동은 고악(高岳)을 의지하였으며, 남은 옥택(沃澤)을 바라보고, 서로는 대해(大海)를 격하였으니, 그 천험지리(天險地利)가 얻기 어려운 지세라 여기에 도읍을 이루는 것이 좋겠습니다"라고 하였다. 그러나 비류는 듣지 않고 그 백성을 나누어 미추홀(彌鄒忽)로 가서 살았다. 이에 온조는 하남위례성에 도읍을 정하고 열 신하로 보익(輔翼)을 삼아 국호를 십제(十濟)라 하니, 이때가 전한(前漢) 성제(成帝)의 홍가(鴻嘉) 3년이었다. …

을 집중해 지금의 충북 옥천지역으로 추정되는 관산성을 집중 공격하였다. 그러나 이 전투에서 김유신의 할아버지인 김무력(金武力)의 지원을 받은 신라군에게 백제의 주력군 3만여 명이 참패를 당하였다. 뿐만 아니라 성왕도 전사함으로써 이후 한강유역은 완전히 신라의 영토가 되었다.

한강유역을 차지한 신라는 중국과의 통로를 열게 됨으로써 직접적인 교류를 할 수 있는 물꼬를 트게 되었다. 그리하여 서해안의 당항성을 기점으로 중국 당나라와 외교관계를 맺고 고구려를 압박하기 시작하였다. 당시 중국은 수나라 당나라로 이어지면서 고구려와 대대적인 전쟁을 계속하였다. 수나라 양제와 문제, 당나라 태종으로 이어지는 고구려와의 전쟁은 민족의 자존심 싸움으로까지 번졌다. 계속된 중국 대군의 침입에도 전혀 동요가 없었던 고구려는 굳건하게 나라를 지키고 있었다. 심지어 당나라 태종은 고구려의 안시성을 공격하였다가 오히려 화살을 맞고 당나라로 돌아가 죽었다. 이와 같은 상황에서 신라가 당나라와의 외교관계를 모색하자 당나라로서는 고구려를 견제할 수 있는 좋은 기회였기 때문에 흔쾌하게 수락하였던 것이다. 그리하여 후에 당나라와 신라의 연합공격을 받고 고구려는 멸망하기에 이른다.

삼국통일의 기반이 된 신주

신라가 한강유역을 차지한 것은 곧 민족통일의 기반을 마련한 것이나 다름없었다. 한강 하류지역을 차지한 신라는 553년(진흥왕 14)에 하남 일대에 신주(新州)를 설치하고 신주의 초대 군주로 김유신의 할아버지인 김무력을 임명하였다. 신주란 상주·하주 등과 같은 기존의 주와는 달리 '새로 편입된 주' 라는 의미이다. 신라가 이곳에 신주를 설치한 목적은 그야말로 새로 확보한 한강 하류지역을 중심으로 한 중부지역 일원을 장악하기 위해서다.

신주의 위치는 춘궁동 이성산성 일원이나 교산동 건물지 일대로 추정되고 있다. 신주의 장관인 군주(軍主)는 군사와 행정을 모두 담당하는 성격의 호칭이다. 이성산성에서는 6세기 중반 이후의 유물들이 집중 출토되고 있는데, 그중 저수지에서 출토된 목간(608년 제작 추정)에서 '남한성도사', '수성도사' 등의 성 이름과 직책 이름이 보이고 있다.

신라 진흥왕의 영토 확장

557년(진흥왕 18)에는 한강 이남의 하남시 일대에 설치하였던 신주를 폐지하고 한강 이북인 지금의 서울 지역을 중심으로 북한산주(北漢山州)를 신설하였다. 이에 따라 하남 일대는 북한산주의 관할로 그 소속이 바뀌게 되었다.

삼국의 치열한 각축전 속에서 568년(진흥왕 29)에는 북한산주

연 도	주의 이동	정의 이동	비 고
진흥왕 14년(553)	신주 설치	신주정 설치	
진흥왕 18년(557)	신주 폐지→북한산주 설치	북한산으로 이동	
진흥왕 29년(568)	북한산주 폐지→남천주 설치	남천정	창령비(561) : '한성군주'
진평왕 26년(604)	남천주 폐지→북한산주 환치	한산정	'무진년(戊辰年)'명 목간 : 남한성
진평왕 40년(618)	한산주		열전 해론전 : '한산주'
문무왕 1년(661)	남천주		본기 : '남천주총관' (661)
문무왕 4년(664)	한산주		본기 : '한산주도독', '한산주행군총관' (668)
경덕왕 16년(757)	한산주를 한주로 고침		

신주의 변천과정

가 폐지되고 경기도 이천에 남천주가 설치되어 하남의 소속처가 바뀌었다. 그후 604년(진평왕 26)에 남천주가 폐지되고 다시 북한산주가 설치되었다. 따라서 지금의 하남 일대는 그 관할지역이 신주에서 북한산주, 다시 남천주를 거쳐 북한산주로 계속 바뀌던 것이다. 이것은 삼국간의 한강유역 쟁탈전이 치열했기 때문이고, 자연히 주치(州治)의 이동도 거듭되었다. 662년(문무왕 2)에는 남천주가 다시 설치되고, 664년(문무왕 4)에는 그 명칭이 한산주(漢山州)로, 670년(문무왕 10)에는 남한산주로 바뀌게 되었다.

고구려와 국경을 접하고 있던 한산주는 그 지정학적 위치상 신라의 삼국통일에 지대한 역할을 하게 되었다. 667년(문무왕 7) 8월에는 문무왕이 대각간 김유신 등 30명의 장군을 거느리고 서울인 경주를 출발하여 9월에 한성정(漢城停)에 이르러 당나라 장군 이적(李積)을 기다렸다. 10월에 이적은 평양성 북쪽 2백리 되는 곳에 이르러 이동혜 촌주(尒同兮 村主) 강심(江深)을 시켜 거

한산(성)정 한산주 주치에 둔 부대. 각 주에는 군사적인 기능을 수행하는 정이 설치되었는데, 경주와 지방의 전략적 요충지 6곳에 정을 두었다. 즉 왕도의 수비를 맡았던 대당과 한산정·우수정·하서정·완산정 등이 그것이다. 당시 정에는 군사령관인 군주가 파견되었으며, 그 위치는 신라의 대외 팽창에 따라 자주 옮겨졌다.

4두품	5두품	6두품	진골	관 등	영	경	대사	사지	사	도독	사신	주조	태수	장사·사대사	소주	현령
				(1) 이 벌 찬												
				(2) 이　　찬												
				(3) 잡　　찬												
				(4) 파 진 찬												
				(5) 대 아 찬												
				(6) 아　　찬												
				(7) 일 길 찬												
				(8) 사　　찬												
				(9) 급 벌 찬												
				(10) 대 나 마												
				(11) 나　　마												
				(12) 대　　사												
				(13) 사　　지												
				(14) 길　　사												
				(15) 대　　오												
				(16) 소　　오												
				(17) 조　　위												
골 품					중 앙 관 직					지 방 관 직						

신라시대에는 골품제도가 있었고 관계는 17관등제로 구분되었다.

란 기병(騎兵) 80명을 거느리고 아진함성(阿珍含城)을 거쳐 한성에 이르러 편지를 보내어 군사 동원 기일을 독촉하므로 문무왕이 그대로 쫓았다. 그 정도로 한산주 지역은 신라의 고구려 멸망과 당나라 군대의 축출에 중요한 역할을 하였던 것이다.

668년(문무왕 8) 6월에 문무왕은 잡찬 관등의 김군관과 대아찬 관등의 박도유(朴都儒)와 아찬 관등의 용장(龍長), 3인으로 하여금 한성주 행군총관(行軍摠管)에 임명하였다. 그리하여 김인문과 김천존(金天尊) 그리고 박도유 등이 일선주의 관내 7개 군과 한성주의 군대를 거느리고 고구려 땅에 주둔하고 있는 당나라 군영으로 갔다. 7월에 문무왕은 한성주에 이르러 군사들을 검열한 후 모든 총관들에게 당나라 군대와 연합하도록 지시하였다. 문무왕은 고구려 정벌을 몸소 지휘하면서 한성을 떠나 평양성을 향해

가다가 당나라 군대가 고구려를 멸망시키고 귀국했다는 말을 듣고는 회군하여 한성으로 돌아왔다. 그해 10월에 고구려 멸망에 전공을 세운 군인들에 대한 대대적인 포상이 있었다. 그 가운데 한산주 소감 박경한(朴京漢)은 평양성 안에서 고구려 군주 술탈(述脫)을 죽이는 전공을 세웠다. 그 공으로 박경한은 일길찬의 관등에 벼 1천석을 하사 받았다. 군사(軍師)였던 남한산(南漢山)의 북거(北渠)는 평양성 북문 전투에서 전공을 세웠기에 술간의 관등에 곡식 1천석을 하사받았다. 그리고 한산주 소감 김상경(金相京)은 사천 전투에서 전사하였는데, 그 전공이 제1등이었으므로 일길찬의 관등에 벼 1천석을 하사받았다. 이렇듯 신라가 고구려를 멸망시키고 삼국을 통일하는 과정에서 지금의 하남시에 치소를 두었던 한산주 출신 인물들의 전공이 혁혁하였던 것이다. 이때 한산주의 치소가 한성이었기에 한산주를 '한성주'로 부르기도 하였다.

그런데 670년(문무왕 10)에는 한성주 총관 수세(藪世)가 당나라 군대의 회유에 이용되었다가 그 일이 발각되어 참수되었다. 또 668년(문무왕 8)을 전후해 당나라에서는 백제 여자를 한성주 도독인 박도유에게 시집 보내는 한편 그와 더불어 신라의 병기를 훔쳐서 한 주(州)의 땅을 습격하려고 했으나 일이 탄로가 나는 바람에 박도유는 참수당했고 그 음모가 성공하지는 못했다. 여기서 수세와 박도유 사건은 동일한 것인데 "1주의 땅을 습격하려고 했다"는 것에 비추어 볼 때 한산주를 장악하려 했던 것으로 짐작된다. 그러했을 정도로 삼국통일과 당나라 군대를 축출하는 과정에서 한산주 지역이 지니는 정치·군사적 비중은 실로 막대하였던 것이다. 한산주는 757년(경덕왕 16)에 한주(漢州)로 바뀌게 되었으며, 중원경을 포함한 1소경 27군 46현으로 구성되었다.

우리 역사 속에서 신라의 삼국통일은 어떠한 의미를 가질까?

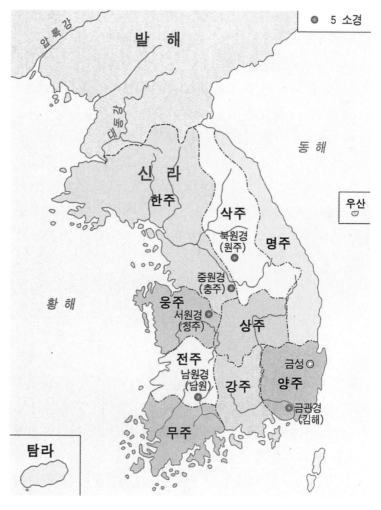

신라의 9주 5소경

9주 5소경 신문왕 때 백제 지역에 웅천주(공주)·완산주(전주)·무진주(광주광역시), 고구려 지역에 한산주(하남시)·수약주(춘천)·하서주(강릉), 신라와 가야지역에 사벌주(상주)·삽량주(양산)·청주(진주)를 각각 두었다. 5소경은 김해의 금관경, 충주의 중원경, 원주의 북원경, 청주의 서원경, 남원의 남원경을 말한다.

백제와 고구려의 멸망한 후 신라가 한반도를 통일하고 삼국을 통합한 것은 한국사에서 큰 의미를 가진다. 비록 고구려 동북지역에서 발해가 건국되고 요동지방은 당나라가 차지했다는 한계성은 있지만 삼국의 문화가 통일신라에 의하여 하나로 모여 더욱 발전되는 기틀이 되었다는 것은 분명한 사실이다. 삼국은 같은 민족이면서도 고대국가를 형성한 뒤 오랫동안 정치적으로 분리·대립하고 있었기 때문에, 문화적으로나 언어 상으로 서로 다른 특색을 가지고 있었다. 이 특징들이 통일 후 모두 신라에 계승되고 융합되어 통일된 민족문화를 형성하게 된 것이다. 이러한 통일문화는 고려와 조선으로 계승되어 오늘날 우리 민족의 역사적 흐름의 맥을 형성하게 되었다.

광주의 대호족 왕규

936년에 후삼국을 통일한 태조 왕건은 전국을 통치할 만한 독자적인 힘을 가지고 있지 못하였다. 당시는 전국적으로 호족세력이 강대하였기 때문이다.

고려 초기 광주지역의 세력을 기반으로 한 가장 강력한 권력을 가진 호족은 왕규(王規)였다. 『고려사』의 「왕규전」에는 그를 광주인(廣州人)으로 표기하고 있어 광주지역의 대호족이었음이 분명하다. 그러나 이후 기록에는 광주 지방 토착의 호족 전통을 이은 토성(土姓)으로 왕씨가 보이지 않는다. 따라서 왕씨 성은 왕규가 대호족으로서 태조에게 귀부하면서 성을 하사받은 것으로 추정되며, 왕규의 난을 계기로 그 세력이 몰락했기 때문에 기록에 남지 않은 것으로 보인다.

왕규는 가계를 정확하게 알 수 없으나 이 시기 대부분의 호족들과 마찬가지로 신라 말 고려 초의 혼란시기에 광주지역의 토착세력으로서 경제력과 군사력을 바탕으로 독자적인 세력을 구축·성장하였다. 나아가 그는 태조 대에 광평시랑의 관직에까지 오른 왕건의 총신으로서 태조가 죽을 때 염상(廉相)·박수문(朴守文)과 더불어 유조(遺詔)를 받고 있다. 이렇듯 광주지역의 대호족으로서 우세한 정치적 지위에 있던 왕규는 그의 두 딸이 태조의 왕비가 되고, 또 다른 딸이 혜종의 왕비가 됨으로써 그 지위를 더욱 견고하게 할 수가 있었다.

900년(효공왕 4)에 궁예의 휘하 장군이었던 왕건이 광주를 평정할 때 이곳의 호족이었던 왕규와 인연을 맺었다. 이후 왕건이 고려를 건국하자 관료로 정권에 참여하여 광평시랑 등 주요 관직을 두루 거치면서 권력구조의 가장 강력한 실력자로 떠올랐다. 또한 당시 가장 강력한 호족으로서 고려 왕실에 큰 공을 세운 사람에게 주던 최고의 계급인 '대광'에 올랐던 인물이다. 동시에 태조는 왕규의 두 딸을 후비로 맞이하였는데, 곧 제15비 광주원부인(廣州院夫人)과 제16비 소광주원부인(小廣州院夫人)이다. 고려 태조는 강력한 호족세력을 견제하고 동시에 왕실의 세력기반을 확고히 하기 위하여 혼인정책을 펼쳐 29명의 부인를 두었는데, 이들의 대부분은 지방 대호족의 딸들이었다. 이들 중 2명이 왕규의 딸이었다는 사실은 그만큼 왕규의 호족적 기반이 컸음을 보여주는 것이라 하겠다.

943년(태조 26) 태조가 세상을 떠나자 장자인 혜종이 즉위하였다. 혜종은 호족 박술희(朴述熙)의 지지와 후원을 받아 왕위에 올랐으나 왕규를 비롯한 여러 호족세력의 힘이 강하여 왕권은 극도로 불안하였다. 왕규는 혜종의 왕위를 탈취하여 자신의 두 딸 중 태조의 16번째 부인 소광주원부인이 낳은 광주원군(廣州院君)을 왕으로 세우고자 적극적인 행동을 취하였다. 자신의 왕권이 불안해진 혜종은 왕규의 딸을 맞아 자신의 두 번째 부인인 후광주원부인(後廣州院夫人)으로 삼았다. 이러한 혜종의 정략적 의

박술희 ?~945(혜종 2) 왕건을 도와 고려를 건국하고 후삼국을 통일하는데 큰 공을 세웠다. 943년 태조가 승하할 때 태조로부터 『훈요십조(訓要十條)』를 전수받았다. 혜종때 왕규와의 대립으로 갑곶(甲串: 강화)에 유배되었다가 살해되었다.

도도 자신의 후원자인 박술희가 왕규와 대립하는 바람에 뜻을
이루지 못하였다. 결국 왕규는 두 차례에 걸쳐 혜종의 암살을 꾀
하였으나 모두 실패로 돌아갔다. 그러다가 혜종이 병으로 죽자
동생인 정종이 서경의 왕식렴 군대를 끌어들여 왕위에 올랐고,
가장 강력한 호족이며 외척세력이었던 왕규를 제거하였다. 왕규
가 제거된 이후 광주지역의 호족 또는 향리세력들은 중앙의 귀
족세력으로 진출 성장하지 못하였으며, 사성(賜姓)을 받은 광주
왕씨는 토성으로도 정착하지 못하였던 것이다.

『고려사』 왕규열전

『고려사』 왕규열전

왕규는 광주(廣州) 사람으로 태조를 섬겨 대광(大匡) 벼슬을 했다. 태조가 왕규의 두 딸을 후궁에 받아들여서 하나는 열다섯째 왕비로, 다른 하나는 열여섯째 왕비로 삼았는데 그중 열여섯째 왕비가 아들을 하나 낳았으니 광주원군(廣州院君)이다.

혜종(惠宗) 2년에 왕규는 왕의 아우 왕요(王堯)와 왕소(王昭)가 반역을 음모하고 있다고 참소하였으나 혜종은 그것이 허위임을 알고 그들을 더욱 후하게 대우하였다.

사천 공봉(司天供奉) 최지몽(崔知夢)이 왕에게 말하기를 "유성(流星)이 자미원(紫微垣)을 침범하였으니 나라에 반드시 역적이 있습니다"라고 하였다. 혜종은 왕규가 왕요와 왕소를 모해하려는 징조로 생각하고 맏공주(公主)를 왕소의 처로 주어서 그의 친족을 강화하였으므로 왕규가 그 음모를 수행하지 못하였다. 또 왕규는 광주원군을 왕위에 세우려고 어느 날 밤에 왕이 깊이 잠든 틈을 타서 그 도당을 침전에 잠입시켜서 대역(大逆)을 감행하려 하였다. 이때 혜종이 잠을 깨어 한 주먹으로 때려 눕히고 시종들을 불러서 끌어내게 하고는 다시 묻지 않았다. 또 하루는 혜종이 병환으로 신덕전(神德殿)에 있었더니 최지몽이 또 말하기를 "곧 사변이 있을 것이니 제 때에 처소를 옮기는 것이 좋겠습니다"라고 하였으므로 혜종이 중광전(重光殿)으로 옮겼더니 그날 밤 왕규가 그 도당을 인솔하고 벽을 뚫고 들어갔으나 침실은 이미 비어 있었다. 왕규가 최지몽을 보고 칼을 뽑아 들고 욕하면서 말하기를 "임금이 침소를 옮긴 것은 반드시 너의 농간이다"라고 하였다. 최지몽이 끝까지 잠자코 있으니 왕규는 물러갔다. 혜종은 왕규의 행위를 알았으나 역시 죄를 주지 않았다. 왕규는 일찍이 대광(大匡) 박술희(朴述熙)를 증오하다가 혜종이 죽자 정종(定宗)의 명령을 위조하여 그를 죽였다.

이에 앞서서 혜종의 병이 위독하였을 때 경종이 왕규가 반역할 뜻을 가지고 있음을 알고 비밀리에 서경(西京) 대광 식렴(式廉)과 사변에 대응할 계책을 상의해 두었다. 그러므로 왕규가 반란을 꾸미려고 하였을 때 식렴이 군사를 인솔하고 서울로 와서 숙위(宿衛)하여 왕규가 감히 반역 행동을 못하게 하였다. 이에 왕규를 갑곶(甲串)으로 추방하고 뒤로 사람을 파견하여 목을 베었으며 그의 도당 3백여 명도 처단하였다.

고려시대의 광주목

하남시는 고려시대 광주목의 읍치로서 지방행정의 중심지였다. 936년 후삼국을 통일한 태조 왕건은 940년(태조 23)에 전국의 행정구역을 주·부·군·현으로 바꾸었다. 그리하여 고려 이전까지 하남이 한성·한산·한산주·한주 등으로 불리던 것이 이때부터 광주(廣州)로 이름이 바뀌었다. 그러나 이때의 행정구역 지명변경은 단순히 이름을 바꾼 것에 지나지 않으며, 새로운 지방통치의 체제정비를 의미하는 것은 아니다. 아직까지도 호족연합정권의 성격이 강했기 때문이다.

이후 983년(성종 2년) 지방통제를 위한 지방관제를 실시하였다. 이로써 지방의 토착세력들은 지방의 행정실무자인 향리로 전락하였고, 지방관은 중앙에서 파견되었다. 결국 고려가 건국된 이후 비로소 명실상부한 중앙집권체제를 갖추게 된 것이다. 그리하여 전국의 지방행정상 요지에 해당하는 곳에 12목을 설치하였으며, 목사(牧使)를 파견하여 실질적인 지방통치에 들어갔

고려의 3경 4도호부 12목

다. 당시의 12목은 광주를 포함하여 양주·충주·청주·공주·
진주·상주·전주·나주·승주·해주·황주이다.

　12목을 설치한 이후 고려는 지방관의 업무를 안정적이고 현실
성있게 추진하기 위한 제도적 장치를 보완하였다. 12목 설치 당
시는 지방관만 홀로 임지에 보냈으나 986년(성종 5)에는 12목에
대하여 가족과 함께 현지에 부임하도록 함으로써 지방관이 안정

된 생활기반 위에서 지방행정을 수행할 수 있도록 하였다. 또한 업무수행에 따른 경제기반을 마련하기 위하여 983년(성종 2)에 토지를 지급하였다. 987년(성종 6) 8월에는 12목에 경학박사와 의학박사 각 1명씩을 파견하여 지방교육을 전담하게 함으로써 토착인들의 지식수준 향상을 꾀하였다. 그리고 993년(성종 12)에 는 개경과 서경 및 12목에 물가를 조절하는 기관인 상평창(常平倉)을 설치하여 경제적 조치를 취하기도 하였다. 이어 991년(성종 10)에는 전국의 지방행정구역 이름에 따로 부를 수 있는 이름을 정하면서 광주는 회안(淮安)이라 불렀다.

한편 995년(성종 14) 고려는 전국을 10도제와 12군 절도사 제도를 핵심 내용으로 하는 지방관제의 개편으로 지방세력의 통제범위가 더욱 확대되었다. 그리하여 과거의 12목을 12절도사로 개편함으로써 광주는 봉국군(奉國軍) 절도사가 설치되었으며, 10도 중 관내도(關內道)에 속하게 되었다. 이러한 조치는 과거의 목사체제가 행정적 성격이 강하였던 것에 반하여 절도사체제는 군사적 성격이 더 추가된 것을 의미하는 것이다. 이 제도는 1012년(현종 10)에 5도호부 75안무사 제도를 실시하면서 폐지되고, 광주에는 절도사 대신에 안무사가 설치되었다. 결국 다시 군정체제에서 민정체제로 복귀된 것이다.

이후 1018년(현종 9)에 전국의 지방제도를 정비하여 고려 지방통치체제의 기반을 마련하였다. 전국을 5도 양계로 나누고 안찰사와 병마사를 파견하였다. 아울러 4도호부 8목 56주군 28진 20현으로 개편되었다. 이때 광주는 다시 목으로 개편되었고, 5도 가운데 양주와 광주의 앞 글자를 따서 만든 양광도의 관내가 되었다. 광주목에는 4개의 군과 3개의 현이 소속되어 있었다. 4개의 군은 천령군(지금의 여주), 이천군(지금의 이천), 죽주군(지금의 죽산), 과주군(지금의 과천)이며 3개의 현은 용구현(지금의 용인군

봉국군(奉國軍) 고려시대의 지방군. 995년(성종 14) 12주의 절도사 밑에 둔 주군(主軍)의 하나로, 관내도(關內道)의 광주(廣州) 절도사가 관할하였다. 1012년(현종 3) 절도사제와 함께 폐지되었다.

관내도(關內道) 고려시대 개경을 중심으로 위로는 황해도 황주, 아래로는 경기도 수원을 포함한 행정구역을 말한다. 995년(성종 14) 당나라의 행정구역 제도를 본떠 10도를 설치할 때 양주·광주·황주·해주 등지의 소관(所管)으로 설치하였고 29주·82현을 관할하였다. 1106년(예종 1)에 하남도·중원도와 합쳐 양광충청주도로 개편되고, 1171년(명종 1) 양광주도와 충청주도로 나누어졌으며, 1314년(충숙왕 1)에 양광도가 되고 일부는 서해도가 되었다.

용성면 일대), **양근현**(지금의 양평), **지평현**(지금의 양평군 지제면 일
대)이 그것이다.

이후 원의 침입으로 고려는 많은 시련을 겪게 된다. 원의 간섭
을 받게 된 고려는 원에 충성한다는 의미에서 왕의 칭호의 앞자
에 충(忠)자를 넣었으며, 끝에도 종(宗)이나 조(祖)를 쓰지 못하고
왕(王)자를 넣어 불렀다. 행정구역도 목이 혁파되고 부(府)로 강등
되었다. 이에 따라 광주목도 지광주부사(知廣州府事)로 떨어졌다.
이후 1356년(공민왕 5)에 이르러 원의 간섭으로부터 벗어나려는
노력이 이루어지고, 그 일환으로 행정구역을 다시 원래대로 되
돌리면서 광주도 다시 광주목이 되었다.

외세 침략의 저항지

고대 백제가 한강유역에 도읍을 정한 이후부터 조선시대에
이르기까지 하남지역은 군사전략상 중요한 요충지였다.
그 중에서도 고려 말의 몽고군에 대한 항전과 조선시대의 군사
훈련장 및 병자호란 당시 남한산성의 전투 등 국가의 위기상황
때마다 하남은 전장터요 훈련장으로 변화하였다. 특히 조선시
대에는 가까운 곳에 도성이 있었기 때문에 그 중요성이 더욱 강
조되었다.

  13세기 고려와 몽고에 대한 전쟁은 30년간이라는 장기간의 전
쟁이었고, 상대가 막강한 제국을 건설한 몽고였기 때문에 고려
의 피해는 말할 수 없을 정도였다. 세계 정복의 야심을 가진 몽고
의 군사를 고려가 상대하기에는 벅찬 것이어서 결국 고려는 몽
고의 간섭기에 접어들게 되지만, 30년 동안이나 몽고에 항전함
으로써 우리 민족의 긍지를 살려 주었다. 특히, 1232년(고종 19)
몽고의 2차 침입에서 보여준 하남 사람들의 항전은 역사에 남을

만한 커다란 사건이며 쾌거였다.

　몽고의 1차 침략은 1231년(고종 18) 12월 충주성 전투를 끝으로 이듬해 정월 고려의 화의요청에 따라 일단 철군하였다. 그러나 최씨 무신정권이 몽고와의 항전을 목적으로 강화도로 천도하자, 몽고는 다시 2차 침입을 하게 된다. 곧 살리타이의 몽고군은 1232년(고종 19) 8월부터 12월까지 다시 고려의 영토를 유린한다. 몽고군은 10월 이후 서울을 거쳐 광주에 이르러 일대 접전을 벌였다. 당시 광주부사로 임명되어 전쟁을 준비한 이세화는 현장에 도착한 직후 바로 성을 수리하고 방비에 만전을 기하였다. 성

남한산성 북문

안에는 군인들 뿐만 아니라 일반 백성들이 적의 공격을 피하여 안으로 들어와 있었기 때문에 군민이 일치단결하여 치른 전쟁이 었다. 당시 몽고군은 광주를 지나야만 남쪽으로 진격할 수 있었기 때문에 대대적인 공격을 전개하였다. 그러나 이세화를 중심으로 일치단결된 남한산성 군민들은 적이 수십겹을 에워싸고 공격했음에도 전혀 동요하지 않고 성을 굳게 지켰으며, 나아가 기습공격과 계책을 사용하여 오히려 적을 사로잡아 죽인 자가 많았다. 이 전투는 몽고군에게 치명적인 군사적 타격을 입혔으며 이에 몽고군은 사기를 잃어 포위망을 풀고 물러갈 수밖에 없었다. 결국 살리타이는 그해 12월 용인의 처인성에서 전사하였다. 이 승전으로 정부는 광주의 백성들에게 요역과 잡공을 면제시키는 조치를 내리기도 한다.

한편 1392년 대내외적으로 혼란을 겪고 있던 고려는 신진사대부들이 주축이 된 조선으로 새로운 국가를 건설하였다. 제4대 왕으로 등극한 태종은 광주에서 자주 군사훈련을 실시하였다. 왕이 직접 서울과 가까운 지역에 나가 군사들과 함께 수렵을 통해 군사훈련하는 것을 강무(講武)라고 불렀다. 이들 강무 중에서 특히 관심을 끄는 곳이 하남의 검단산이었다. 조선의 역대 왕들은 서울과 가까우면서도 군사전략상 서울 방어의 요충지인 하남의 검단산을 자주 방문하여 강무를 즐기곤 하였다. 이럴 때면 검단산 주위에 살고 있는 백성들이 행사에 동원되는 등 불편이 뒤따라 원성을 사기도 했지만 군사훈련의 중요성과 하남 지역의 군사전략적 위치, 수려한 풍광, 도성과 가까운 지리적 잇점 등이 복합적으로 작용되어 강무행사는 계속 이어졌다.

조선은 건국 이후 약 200여년간 외부의 침입이 없이 평화로운 국정운영을 이어갔다. 그러던 중 1592년(선조 25)에 왜군의 침략으로 7년간에 걸친 지루한 전쟁이 발생하였다. 조선은 평화가 지속되던 시기였으므로 막상 전쟁이 발생하자 효과적인 대응책을 마련하지 못하였다. 그러나 전쟁이 장기화되면서 왜군의 보급로를 조선의 수군이 차단하고, 명에서의 원군이 도착함과 동시에 각지에서 의병이 발생하면서 점차 국력을 회복하기 시작한 조선은 대대적인 반격을 가하여 왜군을 격퇴시켰다.

그러나 전쟁의 상흔이 완전히 가시기도 전에 이번에는 북쪽의 후금이 조선을 침략하였다. 1636년(인조 14) 병자호란이 그것이다. 전쟁이 발발하자 임진왜란 때 선조가 의주로 도망간 것과는 달리 인조는 남한산성에 14,000여명의 군대를 주둔시키고 후금과 나라의 운명을 건 결전을 준비하였다. 남한산성의 4대문 가운데 하남시 방면에 위치한 북문에서는 적군과 대치하고 있으면서 수차례에 걸친 접전을 전개하였다. 그 가운데 300여명의 군사들

신진사대부 고려말에 성리학을 사상적 배경으로 과거를 통해 중앙정계에 등장한 세력으로 '신흥사대부'·'신진관료' 등으로도 불린다. 대표적인 인물로 정몽주·이색·정도전·조준 등이 있다. 이들 중 일부는 새로 등장한 무신세력인 이성계와 결합하여 조선왕조를 개국하는데 사상적 배경을 제공하였다.

이 적과의 결전에서 용맹하게 싸우다가 전사한 곳도 바로 북문
밖이다. 그러나 수적인 열세와 장기간에 걸친 대치로 구원병과
물자공급이 끊어진 조선은 더 이상 버티지 못하고 스스로 항복
의 길을 택하였다.

　이와 같이 역사 속에서 하남은 군사전략상 요충지에 위치해
있으면서 많은 전쟁의 상흔을 입었던 곳이다. 이에 따라 자연히
이곳에 살고 있던 많은 백성들은 나라를 지키기 위한 충정 하나
로 그 피해를 감내해야만 하였다.

행정의 중심 광주유수부

1392년 조선이 건국된 이후 태종대에 지방제도의 근간으로 전국을 8도체제로 확립하였다. 이때 과거 양광도에 소속되어 있던 하남은 경기도 소속으로 재편되었다. 조선시대 초기에는 경기도를 총괄하는 관찰사영을 수원에 두었다. 그러나 세종 때부터 한양과 지리적으로 가까운 하남으로 관찰사영을 옮기면서 하남은 명실공히 경기도의 중심이 되었다. 이에 따라 광주목사가 경기도관찰사를 겸임하게 되었다. 그러나 관찰사영은 세조 때에 다시 한양 돈의문 부근으로 옮겼고, 하남에는 광주목을 두어 정3품의 목사가 관장하게 되었다.

조선시대 광주목이 있던 하남에는 관아인 읍치를 '고골(춘궁동)'에 두고 각 방위별로 동·서·남·북면 등 4개면으로 나누었다. 『세종실록』 「지리지」에 의하면, 광주목은 동쪽으로 양근까지 30리, 서쪽으로 수원의 성곶이(聲串)까지 85리, 남쪽으로 이천까

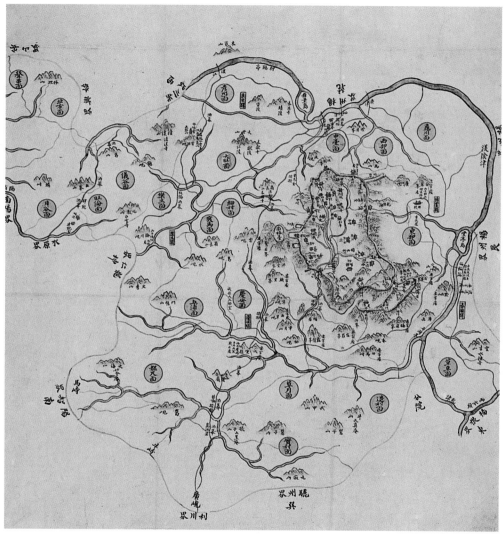

광주의 고지도

지 45리, 북쪽으로 양주까지 11리로 둘러싸인 지역을 경계로 했다. 이 영역은 동서로 115리, 남북으로 56리였다.

이 지역은 조선후기에 이르러 면리제가 실시되면서, 경안면·오포면·도척면·실촌면·초월면·퇴촌면·초부면·동부면·서부면·구천면·중대면·세촌면·돌마면·낙생면·대왕면·

언주면 · 의곡면 · 왕륜면 · 일용면 · 월곡면 · 북방면 · 성곶면으로 세분된다.

광주목의 하부 행정기구는 호장 이하 토착 향리들이 임무를 맡은 이 · 호 · 예 · 병 · 형 · 공의 6방으로 나누어져 6방 관속이 실무를 담당하였다.

임진왜란을 겪으면서 광주는 한양을 방어해야 하는 지리적 조건 때문에 유수겸수어사(留守兼守禦使) 체제로 승격되었고, 남한산성에 총융청을 설치하고, 1626년에는 광주 읍치를 하남 고골에서 남한산성 안으로 옮겼다. 그후 1682년부터 광주를 유수부로 삼아 비변사 당상관으로 겸임하게 하되, 종4품의 경력(經歷)을 파견하여 유수를 보좌하도록 했다. 그러나 유수의 품격이 높아 자주 교체가 되고 군무가 소홀해지자 일시적으로 부윤체제로 돌아가기도 했으나, 1795년 정조대에는 완전히 유수부 체제로 정착되었다.

유수제는 원래 중국 당나라 때에 수도가 위치한 주(州)를 호위하는 도읍(陪都)을 설치하고, 그 배도 가운데 중요한 곳을 배경(陪京)이라 칭하면서, 그 장관에게 유수사(留守司)를 겸임하도록 하는데서 시작되었다. 이러한 제도가 송나라에 계승되었다가 조선에 영향을 주었던 것이다. 조선왕조는 건국 후, 개성과 전주를 유수부로 정했다. 그러나 임진왜란과 병자호란을 겪으면서 군사적 중요성이 강조되어, 광주를 비롯한 강화 · 수원이 유수부로 승격되었다. 이른바 기존의 개성 유수부를 포함하여, '4도(都)' 체제가 운영되기 시작했다.

광주 유수부의 행정 · 군사적 책임자는 정2품의 유수이다. 부윤과 유수가 다른 점은 유수가 경관(京官)인 것과 달리, 부윤은 지방관(地方官)에 속하였다. 사실 광주는 유수 체제 이전에도 국가 운영에 있어 매우 중요시되어 정2품을 파견했다. 개성 유수나 강

총융청(摠戎廳) 조선시대의 군영으로 1624년(인조 2)에 설치되었다. 수원 · 광주 · 양주 · 남양 · 장단 등 진(鎭)의 군무를 담당하였다. 1884년(고종 21)에 폐지되었다.

비변사(備邊司) 조선시대의 관청으로 변방에 일이 생겼을 때 한시적으로 설치된 임시관청이었다가 1554년(명종 9)에 상설기구가 되었다. 임진왜란 이후 그 기능이 크게 강화되어 변방의 일 뿐만 아니라 국내의 모든 일을 관장하는 최고의 권력기관이 되었다. 고종때 흥선대원군에 의해 폐지되었다. 비변사에서 논의된 각종 사항을 기록한 『비변사등록』이 전한다.

화 유수가 종2품인 것에 비한다면, 광주가 이들 지역보다 한층 중요시되었다는 것을 알 수 있다.

광주 유수부의 조직은 1795년 초창기에는 종4품의 경력을 두어 6방 관속을 비롯한 수어청 아전들을 통솔하면서 행정을 실질적으로 장악하도록 하였으나, 뒤에는 경력 대신 종5품의 판관(判官)을 두어 행정실무를 주관하게 했다. 그리고 종9품의 검율을 두어 사법행정의 자문이나 실무를 맡도록 하여 유수를 보좌하도록 했다.

판관의 임기는 900일, 검율의 임기는 450일이었다. 이들의 근무 성적은 유수가 매년 6월, 12월 두 차례의 고과를 통해 평가하도록 했다. 행정을 보좌하는 서리(書吏)는 개성부나 강화부에는 50명을 두었는데 광주부에는 80명을 두었다. 광주 유수부의 인원을 통해 보더라도 4도 체제하에서 광주부가 매우 중요한 위치였음을 알 수 있다.

한편, 유수부의 군사적 기능은 매우 컸다. 즉 '4도'에 유수부를 둔 것은 왕도를 호위하는 기지의 역할을 해야하기 때문이다. 그리하여 개성유수는 관리영(管理營)의 관리사를, 강화유수는 진무영(鎭無營)의 진무사를, 광주유수는 수어청(守禦廳)의 수어사를 함께 맡게 하여 각각 휘하의 군대를 통솔하였다. 그 결과 유수부 자체를 병영화하였을 뿐만 아니라, 군량미 비축이나 병기관리에도 만전을 기하기 위해 유수부 관리선발에 있어서도 군사지식이 밝은 인물을 우선적으로 선발하였다.

광주부의 군사조직을 보면, 유수가 함께 맡는 수어사 아래 중군(中軍) 1명, 수성장(守城將) 1명, 별장(別將) 2명, 천총(千摠) 2명, 유영별장(留營別將) 1명, 성기별장(城機別將) 1명, 파총(把摠) 3명, 초관(哨官) 16명의 지휘관이 있었다.

한편 1895년(고종 32) 정부는 대대적인 지방행정구역 개편을

팔도군현지도

단행하였다. 과거 조선시대 동안 계속 이어져 오던 전국 8도제를 폐지하고 23부로 나누었으며, 목·부·군·현의 명칭을 모두 군으로 단일화하였다. 이에 따라 광주지역도 유수부에서 광주군으로 바뀌어 군수가 되었으며, 한성부의 관할구역에 포함되었다. 그러나 1년 3개월 후인 1896년(건양 1) 전국을 13도 339군 체제로 개편하면서 광주군은 다시 광주부로 승격되었다가, 1906년(광무 10)에 광주군으로 다시 환원되었다.

이후 1989년 동부읍과 서부면, 중부면 일부 지역을 합쳐 현재의 하남시가 탄생하게 되었고, 광주군은 2002년에 광주시로 승격하였다.

일제강점기의 반일운동

일제강점기의 하남에서 일어난 주목할 만한 사건은 역시 3·1운동이다. 경기도 광주의 경우, 3월 21~31일 사이에 11회에 걸쳐 7,600명이 시위에 참가하였고, 4월 1일부터 15일 사이에 한 차례의 시위가 있었는데 400명이 참가하였다.

하남시에서는 1919년 3월 26일 동부면 교산리 출신 이대헌이 주민 수십명과 함께 면사무소 앞에서 태극기를 흔들며 시위를 일으켰다. 3월 27일에도 전날에 이어 수십 명이 뒷산에 올라가 봉화를 올리며 '대한독립만세'를 외친 후 면사무소로 행진하며 약 3시간 동안 만세시위를 전개하였다. 또한 같은 면의 망월리 구장 김교영도 3월 27일 아침, 같은 마을의 김용문을 통해 사람들을 모아 만세시위를 일으켰다. 이 동부면의 만세시위는 천현리의 기독교인이 참가함으로써 500여명이 참가하는 대규모로 발전하였고, 이때 시위로 천현리 주민 14명이 검거되었다. 그리고 3월 27일 서부면 감일리에 사는 구희서는 주민 40여 명을 모

독립선언서
만세운동 모습

아 서부면 면사무소와 상일리 헌병주재소 앞까지 시위행진을 벌였다. 이날 구천면 상일리에는 천여 명의 주민들이 만세시위를 일으키기도 하였다. 같은 날 중부면 산성리 주민 200여 명도 만세시위에 참가했다. 특히, 이날에는 남한산성에 봉화가 오르기

신간회(新幹會)

1927년 2월 '민족 유일당 민족협동전선'이라는 표어 아래 민족주의를 표방하고 민족주의 진영과 사회주의 진영이 제휴하여 창립한 민족운동단체이다. 안재홍·이상재·백관수·신채호·신석우·유억겸·권동진 등 34명이 발기했다.

신간회는 내부적으로 좌우익의 갈등은 있었지만 민족적·정치적·경제적 예속의 탈피, 언론·집회·결사·출판의 자유 쟁취, 청소년·여성의 평형운동 지원, 파벌주의의 배격, 동양척식회사 반대, 근검절약운동 전개 등을 활동목표로 삼아 전국에 지회와 분회를 조직하며 세력을 확장해 나갔다.

1930년에는 전국에 140여 개의 지회와 3만 9000여 명의 회원을 확보하였으며, 일본에까지 조직된 각 지회를 중심으로 활동을 전개했다. 신간회의 세력이 이렇게 성장하자 일제의 탄압이 거세져서 대규모 집회를 열 수 없었다. 1929년 11월 광주학생운동이 일어나자 신간회는 진상조사단을 파견하고 일제에 대해 학생운동의 탄압을 엄중 항의하였다. 또한 이를 계기로 독립운동을 지향한 민중대회를 열 것을 계획했다가 조병옥·이관용·이원혁 등 주요 인사 44명이 체포되었다. 체포된 인사 가운데 조병옥 등 6명은 실형을 받았으며, 이로 인해 신간회의 뿌리가 흔들리게 되었다.

신간회는 좌우익 세력이 합작하여 만든 단체였지만 민족주의 진영에게 주도권을 빼앗긴 사회주의 진영은 불만이 높았다. 이들은 신간회의 주요 간부들이 투옥된 사이를 이용하여 해산운동을 벌였으며, 1931년 5월 조선중앙기독교청년회에서 대의원 77명이 참석한 가운데 해산을 결의함으로써 발족한 지 4년만에 해산되었다.

도 하였다.

1927년 2월에는 민족협동전선체로 '신간회'가 조직되었다. 신간회는 창립되어 해체될 때까지 4년여 동안 우리 민족의 반일 역량을 집결하여 일제에 커다란 위협을 주었다. 신간회는 '우리는 정치적·경제적 각성을 촉진함, 우리는 단결을 공고히 함, 우리는 기회주의를 일체 부인함'을 강령으로 내걸고 좌우가 연합하여 실업·교육·노동·농민·언론·종교·여자·청년·형평·학생·사상 등의 부문별로 활동을 전개하였다. 또한 신간회는 열렬한 민족적 지지 속에서 전국 각지에 지회를 만들었다. 창립 10개월 만인 1927년 12월 27일에 100번째 지회가 조직되었고, 1928년 말에는 모두 143개의 지회와 2만 명의 회원을 갖은 전국 조직으로 성장하였다.

경기도의 경우도 물론 예외는 아니었다. 그런데 주목되는 것은 광주에 '광주지회'와 '광흥지회' 2개가 있었던 사실이다. 당시 지회 설립은 1개 부 혹은 군에 1개 지회 설립이 일반적이었다. 따라서 광주지역에 상대적으로 신간회 지회활동이 활발했음을 알 수 있다. 신간회 창립 당시 광주지역의 사회운동을 주도했던 단체는 광주중앙청년회·송파광주청년회·광명청년회·진흥청년회·노동공제회·조선일보·중외일보·조선농민회지국 등이었다. 이렇게 경기도내 각 지회에서 활동한 사람은 대부분이 지식인들로 신문기자·교육계 인사·종교인 그리고 지역의 활동가들이었다.

광주지회는 한순회·한백봉·한백호·이대헌·유인목·박기환·한용희 등이 1927년 2월에 조직하여 1930년까지 활동했는데, 회장은 한순회, 부회장은 석혜환이었다. 광주지회를 주도한 한순회는 호가 재암으로 족숙인 한영창에게 한문을 수학하였고, 한학 7서에 통달하였다. 1910년과 1919년 3·1운동 때 투쟁에 참가하여 국민계몽과 운동에 투신하기도 하였다. 특히, 그는 천도교에 귀의하여 천도교 광주교구장으로 이천·여주·원주·음성지역까지 연락 책임을 맡았다. 아울러 천도교 간부로서 포교를 위한 전국순회 강연회를 통해 독립정신을 고취했고 자금을 모아 상해에 보내기도 하였다. 부회장 석혜환은 원산총파업에 격문을 발송한 협의로 10일간의 구류처분을 받는 등 지역적 한계를 넘어 반일운동에 종사하였다.

신간회 지회는 웅변대회와 연설회 개최 등의 계몽운동, 소비조합 설치와 농민들의 소작료와 소작권 보호문제 개입 등 생존권 수호운동 그리고 반봉건적인 성격의 활동을 하였다.

그런가 하면 일제강점기 농민들은 농민조합·농우회·소작인조합들의 농민단체를 조직하여 활발한 소작쟁의를 전개하였다. 1922년에는 소작쟁의 24건에 참가인원 2,539명이었고, 1925년에는 소작쟁의 204건에 참가인원 4,002명, 1930년에는 소작쟁의 726건에 참가인원 13,012명으로 급증하였다.

일제강점기 농민운동은 식민지 농업, 농민 지배구조의 근간인 지주·농업회사 등에 대한 소작쟁의를 비롯하여 수리조합 반대투쟁, 식민지 농정 반대투쟁 등 다양한 형태로 전개되었다. 광주에서는 1922년 3월 9일 '소작인상조회'가 조직되었는데, 특히 광주수리조합의 사례는 주목할 만 하다. 이들 조합은 수리시설의 건설에 있어 공사 직영문제로 지주와 일반 농민들에게 원성의 대상이 되었다. 광주수리조합의 경우, 광주군 동부면·구천면 일대 한강변의 땅을 대상으로 1927년 3월 31일 조선총독부로부터 관개시설 설치인가를 받았지만 공사는 착수하지 못하였다. 문제는 '공사대행'과 관련한 때문이었다. 이 지역은 원래 방규환이 관개시설 설치인가를 도모하다가 1925년 홍수로 인해 6백여 호의 이재민이 생기자 본격적으로 관개시설 건립이 문제시되었던 곳이다.

조선총독부는 질 높은 공사를 위해서는 경험이 있고 감시가 용이한 대행회사가 전문적으로 공사를 시행하는 것이 좋다고 전제하고, 아울러 예산상 상정된 공사대금의 원활한 지불을 위해서도 이런 회사가 사업을 시행하도록 주장했다. 여기에 대해 소위 '조합파'는 감독관청의 엄정한 감독만 있으면 조합이 직영해도 폐단은 없을 것이고, 긴급하게 수조설치를 허가한 이유가 이재민 구제에 있는 만큼, 공사는 가급적 조합의 직영으로 해야 할 필요성을 지적하였다.

당시 조선에 있어 관개시설의 건설은 조선토지개량주식회사나 동양척식주식회사 토지개량부에 위탁해야 한다는 법적 근거는 없었다. 그러나 사업의 자금을 대부분 식산은행 등에서 빌려야 하기 때문에 조선총독부의 지시를 받지 않을 수 없는 것이 현실이었다. 이 문제는 광주수리조합에만 해당된 것은 아니었다. 이러한 모습은 일제 식민통치의 단면으로 경제적인 이익을 독점적으로 확대 재생산하고자 하는 의도가 철저히 스며 있었던 것이다. 1930년대 초에 이르러서는 광주군 동부면 하산곡리에서 50여 명의 농민이 '금단농우회'를 창립하여 농민운동을 벌이기도 하였다.

한편 1930년대 중반 광주지역 최고의 운동관련단체는 '광주공산당협의회'라고 할 수 있다. 1930년 석혜환·정영신 등은 광주군 중부면 산경리에 근거를 두고 '남한산노동공조회'를 조직하였다. 이 조직은 노동자·농민·상인 등을 망라하여 공산주의 사상을 선전하기 위해 야학을 설립하고, 강연회 등을 개최하여 경찰의 탄압을 받기도 하였다. 이후 1933년에는 '광주공동조합'으로 명칭을 변경하고 조직의 강화를 도모하다가 1934년 12월 '광주공산당협의회'로 조직을 개편하였다. 광주공산당협의회는 대중교양을 위해 서적을 구입하고 교양사업을 전개하였다. 동시에 매월 1회씩 삐라를 작성하여 배포했는데, 조직원들은 서울·인천·영등포 등지의 공장에 잠입하여 활동하기도 하였다. 이 조직의 주요 구성원은 석혜환·구본홍·구자홍·구창서·이경재 등이었다. 1945년 8월 15일, 일본이 패망함에 따라 한국인들은 일본제국주의의 식민통치에서 벗어나게 되었다. 한반도에 진주한 미국과 소련은 모스크바삼상회의를 개최해 신탁통치안 결정했다. 그러나 이 결정에서 한국인들은 철저히 배제되었다. 이에 김구, 이승만 등 우익지도자들이 신탁통치를 반대하는 운동을 벌였으며 신탁통치를 반대하는 시위가 연일 계속되었다. 이런 상황에서 조선공산당이 주도하는 9월 총파업과 10월 민중항쟁이 연이어 일어났다.

광주에서도 1946년 8월 28일 광주경찰서와 동부지서가 습격당하는 사건이 일어났다. 광주경찰서의 습격사건은 정극모의 주도로 정상교·윤재달·박동규·정태원·정길용·최용옥·서재철 등이 일으킨 것이었다. 이 사건은 결국 경찰에 의해 진압되었고, 박동규는 사형을 구형받았다. 같은 해 10월 20일 광주읍에서는 재차 경찰서를 습격·소각하고 구속자를 석방시킨 사건이 일어났다. 미소공동위원회의 결렬로 신탁통치안이 좌절되자 미국·소련은 자국에 유리한 정부를 한반도에 세우려고 하였다. 미국은 유엔에 한반도 문제를 상정했고, 1948년 3월 1일 유엔한국임시위원단은 5월 10일 이전 남한만의 단독선거를 치르겠다고 발표했다. 그리고 단독정부 수립을 반대하는 반대론자들의 반발 속에서 5월 10일 선거가 실시되었다. 총 200개의 선거구 중 경기도는 29개의 선거구를 가지고 있었으며 전국에서 3번째로 많은 국회의원을 배출했다. 29개의 국회의원 의석에 160명이 입후보하여 5.5대 1의 경쟁률을 보였는데,

광주지역에서는 신익희가 무투표로 당선되었다.

　제1대 국회의원에 당선된 신익희는 한국전쟁 이후에도 광주지역에서 두 차례 국회의원에 당선되어 국회의장을 역임하였으나 그후 대통령후보로서 유세 도중 갑자기 사망했다. 제4대 국회의원선거에서는 미사리 출신인 자유당의 최인규가 국회의원에 당선되었다. 그는 이승만정권에서 내무부장관을 역임했으나 3·15부정선거를 직접 지휘한 책임으로 4·19혁명 이후 수감되었다가 5·16 군사정부에 의해 처형되었다.

문화유적을 찾아서 3

선사시대란?

인류의 역사를 크게 선사시대와 역사시대로 나누는데, 그 기준은 문자(文字)이다. 즉 역사시대는 문자가 만들어진 이후의 시대를 말하는 것이고, 선사시대란 그 이전의 시대를 말한다. 우리나라의 선사시대는 약 70만년 전부터 시작되지만, 우리가 살고 있는 경기도의 경우에는 약 10만년 전부터의 선사 유적이 나타난다. 물론 이것은 경기도에 10만년 이전의 사람들이 살지 않았다는 것이 아니라 현재까지 그 이상 올라가는 유적이 발견되지 않았다는 의미이다. 선사시대는 다시 구석기·신석기·청동기 등으로 세분하지만, 청동기시대 즈음에 문자가 만들어지기 때문에 청동기시대는 선사시대와 역사시대에 모두 포함된다.

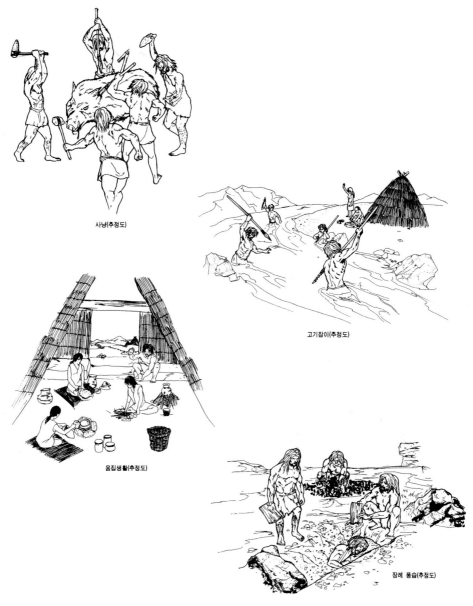

사냥(추정도)

고기잡이(추정도)

움집생활(추정도)

장례 풍습(추정도)

선사시대의 생활

선사시대사람들이 살았던 미사리

어망추 그물에 매달아서 물속에 가라앉게 하는 그물추. 토제와 석제가 있으며 신석기시대 이후 계속적으로 출토된다.

방추차 물레로 실을 지을 때 쓰이는 가락에 끼워 회전을 돕는 바퀴. 석제품과 토제품이 있으며 가락바퀴라고도 한다.

미사리 선사유적의 경우, 기원전 4000년 전부터 사람이 살기 시작하였다. 이곳에서는 움집터, 화덕, 저장구덩이를 비롯하여 토기, 석기 등의 유물이 출토되었으며 움집터에서는 집안팍에서 크고 작은 여러 종류의 화덕이 발굴되었다. 미사리 유적에서는 도토리와 같은 나무 열매도 나왔다. 이 유적에서 출토된 토기는 뾰족밑으로 빗금무늬, 생선등뼈무늬, 점줄무늬, 손톱무늬 등이다. 석기는 화살촉, 그물추 등이 출토되었으나 낚시바늘은 출토되지 않는 것으로 미루어 미사리 신석기 사람들은 낚시보다는 그물로 물고기를 잡았던 것으로 보인다.

청동기시대의 미사리 유적에서는 37기에 달하는 움집터와 소형 저장공 34기, 불땐자리 등이 조사되었고 유물은 토기류와 석기류가 출토되었으며, 토기류 외에 토제품으로는 어망추와 방추차가 발견되었다. 석기류는 간돌검, 반달칼, 돌도끼, 석촉 등이 출토되었고 그밖에 정교한 상아색의 석제 방추차와 장신구로 사용된 옥 파편 등도 발견되었다.

미사리 유적에서는 선사시대 뿐만 아니라 역사시대에 해당하는 원삼국시대와 백제시대의 유적도 발견되었다. 원삼국시대의 유구는 움집터와 고상식건물 저장공 등이 있다. 주거지 내부의 시설로는 화덕이 발견되었다. 화덕의 등장은 주거지의 구조와 난방 및 조리에 획기적인 발전으로 보인다. 백제시대의 유구는 제일 윗층에서 확인되었는데. 사람이 살던 주거지와 저장공, 고상식건물 등이다. 특히, 이 유적지에서는 국내에서 처음으로 백제시대의 밭이 조사되었다. 백제시대의 유물은 토기류와 철기류 등이 있는데 주로 토기류가 대부분을 차지하고 있다.

한편, 최근에 덕풍동에서도 시가지 우회도로 공사를 하던 구간에서 청동기시대 장방형 주거지 2기와 무문토기 조각, 석촉, 반달칼 등의 유물이 출토되어 미사리 선사유적 이외 다른 지역에서도 청동기시대 유적이 나타날 수 있는 단서가 되었다.

뿐만 아니라 이 유적에서는 백제시대의 토광묘, 신라시대의 석곽묘 등도 함께 출토되었는데, 특히 토광묘는 미사리 백제시대 밭 유적 출토 이후 하남시에서 발견되는 2번째 백제시대 유적이라는 점에서 의의가 있다. 토광묘에서는 원저단경호 1점, 심발형토기 1점이 출토되기도 하였다.

원삼국시대 삼국이 고대왕권의 기반을 형성한 것은 고구려는 6대 태조왕대(53~145)이며, 백제는 8대 고이왕대(234~285)이고, 신라는 17대 내물마립간대(356~401)부터이다. 따라서 그 이전의 시기는 아직 족장세력들이 지배하던 시기였다. 이처럼 삼국의 성장시기는 차이가 있으나 대개 족장세력의 지배가 계속되던 시기인 기원전후부터 300년경까지를 '원삼국시대' 라 한다.

유구 넓은 의미에서 옛 사람들이 남긴 모든 것을 유물이라 고 하지만, 대개 유물은 이동이 가능한 종류만을 가리킨다. 즉 석기와 토기 등이 이에 해당된다. 그러나 일정한 시설물을 이루는 집터, 저장구덩, 화덕자리, 무덤 등은 유물이라 하지 않고 유구라고 한다.

고상식건물 고상식건물이란 지상에 기둥을 세우고 그 위에 건물을 지은 것을 말한다.

원저단경호 둥근바닥에 목이 짧은 항아리.

심발형토기 그릇 몸통의 지름보다 속이 깊은 바리.

토광묘

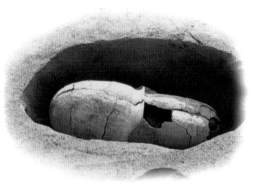

옹관묘

석곽묘

옹관묘(독무덤) 항아리 1~3개로 맞붙여 옆으로 눕힌 형식의 무덤으로 어른용, 어린이용, 세골장용이 있다.

토광묘 구덩을 파고 널에 시체를 넣어 묻는 무덤. 널무덤 또는 움무덤이라고도 한다.

석곽묘 시체와 부장품들을 보호하기 위해 돌로 네벽을 쌓아서 만든 덧널무덤.

고인돌은 청동기시대의 무덤

고인돌은 지석묘(支石墓)라고도 하며 청동기시대의 대표적인 무덤이다. 우리나라 제주도를 포함하여 전국적으로 분포하지만, 황해도·전라도에 가장 밀집되어 있으며 한 곳에 수백 기의 고인돌이 무리를 이루어 분포하는 경우도 있다. 우리나라는 세계에서 가장 많은 고인돌이 남아 있으며 전라도 지역의 고인돌이 세계문화유산으로 지정·보호되고 있다.

고인돌은 형식면에서 지상에 4면을 판석으로 막아 묘실을 설치한 뒤 그 위에 상석을 올린 형식과, 지하에 묘실을 만들어 그 위에 상석을 놓고 돌을 괴는 형식으로 구분된다. 앞의 것은 대체로 한반도 중부 이북 지방에 집중되어 있고, 뒤의 것은 중부 이남 지방에서 다수를 차지하기 때문에 이들을 각각 북방식 고인돌과 남방식 고인돌이라고도 한다. 이 밖에도 지하에 묘실을 만들었으나 남방식 고인돌과는 달리 돌을 괴지 않고 묘실 위에 상석을 바로 올린 고인돌도 있는데, 이를 개석식(蓋石式) 혹은 변형

남방식 고인돌
북방식 고인돌

고인돌이라고 한다.

북방식 고인돌은 한강 이남 지역에서는 거의 발견되지 않는데, 전북 고창에서 발견된 북방식 고인돌이 최남단의 것이다. 남방식 고인돌은 전라도 지방에 밀집 분포하며, 경상도와 충청도 등 한강 이남지역에서도 많이 보인다. 그러나 개석식 고인돌은 전국적으로 분포한다.

고인돌에서는 간돌검과 돌화살촉이 주요 부장품으로 발견되고 있으며, 민무늬토기와 붉은간토기 등 토기류와 청동기가 부장된 경우도 있다. 또한 고인돌 축조에 필요한 거대한 돌의 운반에는 대규모의 인력이 필요로 하였을 것이기 때문에 이것이 족장(族長) 등 지배계급들의 묘(墓)라는 주장도 있다.

미사리에서 보았듯이, 하남시에도 이미 선사시대부터 사람들이 거주했기 때문에 청동기시대의 고인돌이 분포하고 있다. 광암동(廣岩洞)에 고인돌에 여러 기 있었지만 비교적 규모가 큰 고인돌은 도로변에 옮겨다 놓았고 다른것은 하남시청 앞 공원에 이전 복원하였다. 감이동 동서울골프장 올라가는 도로변 밭에도 탁자식 고인돌이 있고, 교산동에도 '칠성바위'라고 불리우는 고인돌이 7기 있다. 돌이 7기가 북두칠성처럼 놓여 있다고 해서 칠성바위라고 부른다.

이들 고인돌 중에서 대표적인 것은 역시 광암동 고인돌이다.

고인돌 축조과정 상상도

지금도 광암동을 너븐바위라고 부르는데 '광암(廣岩)' 이나 '너븐바위' 모두 이곳에 있는 고인돌 때문에 나타난 지명이다. 원래 이 고인돌은 근처의 정수장 안에 있던 것을 정수장이 건설되면서 지금의 도로변에 옮겨놓은 것이다.

하남시청 공원으로 이전한 고인돌에서는 발굴 당시 숫돌, 갈돌, 갈판, 무문토기 조각, 사람 얼굴 모양의 암각화 등이 출토되었는데 무문토기 조각에서는 볍씨자국이 찍혀 있는 것도 출토되었다. 사람 얼굴 암각화는 강원도 양구에서 발견된 선돌 입면상과 제작기법이 유사하다고 한다. 이들 고인돌은 형식면에서 2기는 탁자식이고 2기는 개석식이라는 점이 특징이다.

성곽이란?

성은 대개 안쪽에 쌓은 내성과 바깥쪽에 쌓은 외성의 2중 구조가 전형적인 형태인데, 이때 내성을 '성(城)'이라 하고 외성을 '곽(郭)'이라 한다. 우리나라는 산지가 많아 특히 산성이 발달하였으며 모양은 자연적인 능선을 이용하였기 때문에 부정형이 많은 편이다.

성곽은 축조된 위치에 따라 크게 평지성, 산성으로 구분되고, 다시 목적과 기능에 따라 왕궁과 종묘사직이 있는 도성, 지방의 정치·경제·행정을 유지하기 위한 읍성, 유사시에 대비하여 방어용, 도피용으로 쌓은 산성 등으로 나눈다. 축조에 사용된 재료에 따라서는 토성, 토축성, 석축성, 벽돌성, 목책성 등으로 나눌 수 있다.

성곽은 성벽만으로 이루어지는 것은 아니라 여러 가지 시설이 수반된다. 성곽에는 우선 성벽은 물론 해자가 있고 성문과 여장, 옹성, 암문, 수구문 등이 있다. 성문에도 여러 종류가 있어 곡행

토성·토축성 흙으로 쌓되 판축한 것은 토성, 삭토한 성은 토축성이다.

해자 적의 침입을 막기 위하여 성벽 바깥에 빙 둘러 판 못.

문(S자형), 현문, 사각문, 아치문 등이 있다. 대개 성문의 보호를 위해 옹성이 성문의 바깥에 시설되는데 옹성도 반월형, 사각형, L자형 등의 종류가 있다. 여장은 성벽위에서 몸이 외부에 노출되지 않도록 감추고 구멍을 통하여 활을 쏘는 시설이다. 이것도 평여장, 철(凸)여장, 요(凹)여장 등이 있다. 또 성벽에 바싹 다가붙은 적을 공격하기 위한 시설로 곡성과 치성 등이 있는데, 이들은 모두 성벽보다 바깥으로 내어 쌓은 것으로 바깥으로 돌출한 모양이 반월형이면 곡성, 네모꼴이면 치성이라고 한다. 이밖에 상황이 불리하여 성을 몰래 빠져 나가거나 적이 알지 못하는 은밀한 곳에 작은 문을 설치하였다가 적을 뒤로부터 공격하는 암문이 시설되기도 한다.

현문 평상시에는 다리를 들어올려 성의 안과 밖이 통하지 못하게 하고 필요할 때만 문을 내려 통행하는 문.

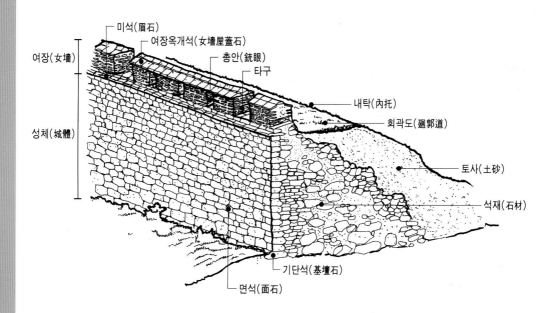

남한산성 북문

83

현문식 성문

개거식 성문

암 문

평거식 성문

홍예식 성문

문루식 성문

토성문

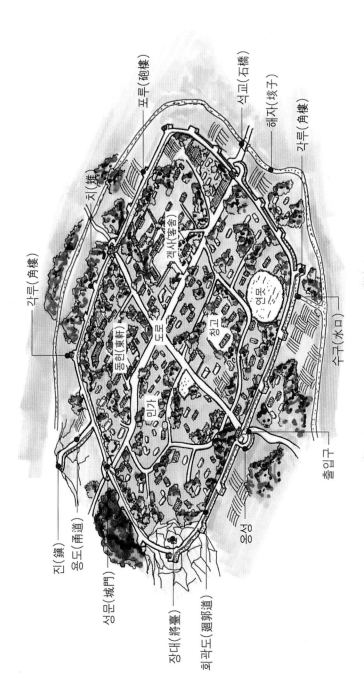

포루(砲樓)

석교(石橋)

해자(垓子)

각루(角樓)

치(雉)

각루(角樓)

객사(客舍)

동헌(東軒)

도로

창고

민가

연못

수구(水口)

진(鎭)

용도(甬道)

성문(城門)

장대(將臺)

회곽도(廻郭道)

어성

출입구

이성산성

이성산성(사적 제422호)은 하남시 춘궁동에 위치한 삼국시대
돌로 쌓은 석축성으로써 성벽의 높이가 약 5m이고 둘레
가 약 2km 정도이다. 이성산성은 한강의 주변지역을 한눈에
모두 볼 수 있을 정도로 시야가 좋고, 위치상으로 배후의 평야
지역과 강북의 적으로부터 한강유역을 방어하기에 유리한 지
점에 있다. 또한 이성산성에서 서쪽으로 5km 지점에는 풍납토
성과 몽촌토성이 있고, 남쪽으로 5km 지점에는 남한산성이 위
치하고 있다.

　이러한 지정학적인 이유 때문에 이성산성과 춘궁동은 이미 조
선시대부터 백제의 도읍지로 추정되어 왔다. 조선후기 실학자
다산 정약용은 백제의 하남위례성(河南慰禮城)을 광주 고읍인 춘
궁동 일대로 추정하였다. 또한 홍경모는 『중정남한지(重訂南漢
誌)』에서 이성산성을 온조가 쌓은 성으로 보았으며, 왕궁은 광주
고읍인 궁촌(宮村)에 있었다고 기록하고 있다. 1864년에 발간된

이성산성

『대동지지(大東地志)』에는 이성산에 백제의 성터가 있다고 기록되어 있어 조선시대에는 춘궁동 일대에 백제의 왕성이 있다고 하는 것이 일반적인 인식이었음을 알 수 있다. 이후 일제강점기의 사학자를 비롯하여 여러 학자들이 같은 생각을 하였고, 현재에도 일부 향토사 연구자들이 그렇게 믿고 주장하고 있다.

이와 같은 인식을 배경으로 하여 1986년 「경기도백제문화유적지표조사」를 시작으로 2002년까지 10차에 걸쳐 이성산성 발굴조사를 실시하였다. 그 결과 문헌으로만 전해지던 이성산성의 실체에 대해서 많은 것을 밝힐 수 있었다. 발굴로 알려진 내용들을 살펴보자.

이성산성의 성벽은 산의 정상부에서 능선을 따라 계곡을 감싸 안은 포곡형의 석축산성으로 형태는 부정형이다. 석축방법은 산의 경사면에 의지하여 쌓는 내탁법을 주로 하였으나 남쪽 성벽의 일부는 내외 협축을 하였다. 대체로 50cm 크기의 성돌로 둘러 쌓기를 하여 75도의 경사각을 유지하고 있다. 성벽을 돌아가며 10개 정도의 치를 설치하였으며 여장(女墻)의 흔적도 남아있다. 또한, 성벽의 안쪽에는 2～3m 너비의 이동통로가 있어 병력의

포곡형 산 정상부에서 아래쪽 계곡까지를 포용한 형태.

협축 성을 쌓을 때 중간에 흙이나 돌을 넣고 안팎에서 돌을 쌓는 것

치 성벽에서 돌출시켜서 쌓은 성벽.

여장 성벽 위에 둘러 쌓여진 담. 활이나 조총들을 쏘기 위한 구멍이 있다.

동문지

장방형 건물지

신속한 이동과 배치가 가능하도록 하였다. 성문은 지형을 따라 동서남북 각 방향에 하나씩 모두 4개가 있었는데 이 중 남문이 정문의 역할을 하였다. 9차 발굴에서 동문지가 발견되었는데 성 벽은 최고 17단까지 확인되었으며 성문의 형태는 현문식으로 밝혀졌다. 성벽은 2번에 걸쳐 쌓은 것으로 추정되는데 처음 쌓은 시기에 대해서는 논란이 있다.

성 내부의 면적은 약 4만 7200여 평에 달하며, 구조물로는 1·2차의 발굴을 통하여 모두 6동의 건물지와 저수지가 발견되었다. 건물지는 장방형 건물이 3동이고, 8각·9각·12각 건물이 각각 1동씩이다. 장방형 건물은 규모가 큰 대형 건물로 형태는 누각형이며 병영이나 창고 등 산성의 주요기능을 담당한 건물들이었을 것으로 보인다. 산성의 정상부 가까이에 있는 8각·9각 건물은 장방형 건물을 사이에 두고 동서로 배치되어 있는데, 동쪽의 9각 건물은 하늘에 제사지내는 천단으로, 서쪽의 8각 건물은 땅신과 곡식을 맡은 신에게 제사지내는 사직단으로 추정하고 있다. 8각 건물의 가운데에는 4개의 돌기둥(石柱)이 세워져 있다.

저수지는 물의 확보를 위하여 산성에서는 없어서는 안될 구조

12각 건물지

8각 건물지

저수지

물로서 남쪽 성벽 안에서 발견되었다. 1차 저수지는 산성의 축성과 동시에 만들어진 것으로서 규모가 54×30m이고 깊이가 2.5m인 타원형이며, 2차 저수지는 1차 저수지가 어느 정도 자연 매립되고 난 이후 그 일부를 준설하고 석축을 하였는데 18×27m 규모의 장방형이다. 그 밖에 암반층을 파고 만든 복주머니형의 저장구덩 3개가 발견되었다.

또한, 특이한 것은 이곳에서 4개소의 신앙유적이 발견된 점이다. 신앙유적은 건물이 폐기되고 난 이후 건물지의 초석 위에나 초석 가까운 곳에 100~150㎝ 크기의 돌을 세워놓고 주변에 잔돌을 쌓아놓은 형태인데, 주변에서 인위적으로 부러뜨려 뿌려놓은 토제·철제 말 등이 출토되었다.

그동안 발굴을 통하여 출토된 유물은 토기·목제·철제·기와·토제품 등이다. 토기는 인화문 합(그릇의 한 종류) 종류가 주류를 이루며, 단경호(목이 짧은 항아리)·장경호(목이 긴 항아리)·광구호(입이 큰 단지) · 골호(뼈를 담은 단지) · 고배(높은 굽이 달린 잔) · 시루 · 병 · 완(주발) 등이 있다. 특이한 것은 'K' 자 또는 '三' 자, '卄' 자 등 글자가 새겨진 토기들이 출토되었다.

목제는 얼굴조각품을 비롯하여 인물상, 목간, 자, 요고, 빗, 팽이 등이 출토되었다. 목간에는 글씨가 3면에 쓰여 있었는데 글자 수는 모두 35자 정도이나 판독이 가능한 글자는 26자이다. 이 목간은 우리나라에서 발견된 최고의 목간으로서 도사(道使), 촌주(村主) 등 관직명과 무진년(戊辰年) 정월 십이일이라는 연 · 월 · 일이 쓰여 있어 학술가치가 높은 유물이다. 무진년은 608년으로 추정하고 있다. 목제 자는 2개가 출토되었는데 그중 하나는 당척(唐尺)임이 판명되었으며 지금까지 국내에서 발견된 제일 오래된 목제 자이다. 그외 하나는 고구려 자로 추정하고 있으나 논란이 많다. 요고는 허리에 차고 두드리는 장고인데 고구려 고분벽화에서도 보인다. 팽이는 일반적으로 중국 당나라 때 성행하여 우리나라에는 고려 때 전해진 것으로 알려져 있으나 이성산성에서 팽이가 출토되었다는 것은 우리나라에도 팽이치기가 통일신라시대 이전부터 있었던 놀이였음을 밝혀주는 좋은 자료이다. 끝 부분에 쇠구슬을 박았던 것으로 보이는 구멍도 남아 있다.

철제는 말, 철촉, 서조문팔화경, 청동방울, 따비, 쇠스랑, 도끼 등이 출토되었다. 서조문팔화경은 거울인데 4분의 1정도 조각만 출토되었다. 양각으로된 서조(瑞鳥) 한 마리가 입에 천 같은 것을 물고 날아가는 모습인데 날개와 부리, 다리의 모습이 매우 세련되게 잘 표현되어 있다.

그외 석제로는 반달칼, 달도끼, 간돌칼, 석촉, 돌거울, 활석, 숫돌, 어망추 등이 출토되었는데, 대부분 청동기시대 유

높은 굽이 달린 잔

골호

시루

물들인 것으로 보아 이성산성에는 청동기시대부터 사람들이 살았음을 알 수 있다. 기와는 연화문 와당 3점 외에 유물의 대부분은 평와류이다. 문양은 격자문이 주류를 이루고 있으며, 어골문, 당초문, 단서문, 복합문 등도 출토되었다. 토제품은 벼루, 말, 어망추, 파수(토기 손잡이), 방추차 등이다.

　아직까지 발굴이 진행되고 있는 상태이지만 현재까지의 출토 유물로 볼 때, 이 산성이 백제유적임을 입증할 만한 자료가 거의 없는 실정이며, 오히려 통일신라시대의 유물이 다수를 차지하고 있다. 따라서 신라가 삼국통일의 과정에서 한강유역을 확보하고 나서 신주를 설치하는데 이 신주의 주성으로 쌓았을 가능성도 제기되고 있다. 이성산성의 주된 사용시기는 6세기 중반에서 8세기까지이며 9세기 중엽에 폐기된 것으로 보인다.

철제말
인물
목제빗

목제 자

요 고

돌거울 앞면

돌거울 뒷면

팽 이

활 석

교산동 건물지는 객사터?

교산동 건물지는 오래전부터 자연석의 대형 초석이 줄을
서서 지표면에 드러나 있었기 때문에 주위의 관심을 끌
어오던 중, 일부 향토사가들로부터 이 건물이 한성백제의 왕궁
지라는 주장이 제기되었다. 이에 따라 하남시에서는 이 건물이
어느 때의 건물이며 건물의 용도는 무엇인지 성격을 알아보기
위해 1999년부터 2002년까지 기전문화재연구원에 의뢰해 4차
에 걸친 발굴조사를 완료하였다.

발굴결과 교산동 건물지는 시대적으로 통일신라시대 말부터
조선시대에 이르기까지 여러 차례에 걸쳐 창건 또는 중창되었
음을 추정할 수 있었다. 중심 연대는 두 시기로 구분할 수 있는
데 첫째 시기는 9～12세기로 몽골의 침입이 있기 전까지이며,
둘째 시기는 15～17세기로 병자호란과 관련하여 광주읍치가
하남시 고골에서 남한산성으로 옮겨가기 이전까지이다.

교산동 건물지의 발굴조사 면적은 약 3,000여 평이었는데 건

교산동 건물지 발굴사진

물 모양은 'ㄷ'자 형태의 3~5회 중복 양상을 나타내었다. 건물지에서는 주름무늬병편 및 막새류를 비롯한 청자, 백자편이 출토됨으로써 통일신라 말에서 조선후기까지 지속적으로 건물이 존재했었음을 파악할 수 있었다. 유물의 연대는 9~10세기가 주류를 이루고 있으며 8세기 이전으로 올라가는 유물은 없는 듯하다. 기와는 고려시대가 주류이고 토기는 도기류가 주류를 이루고 있다.

노출된 유구는 가옥이나 사찰 건물로 보기에는 규모 및 평면상 적합하지 않았으며, 또한 사찰과 관련된 유물도 출토되지 않았다. 따라서 이 건물은 입지의 성격과 규모, 배치, 출토유물 등을 감안해 볼 때 관에서 사용하던 관영 건물일 가능성이 가장 높게 제기되었다. 그 이유는 교산동을 위시한 고골 일대가 고대로

부터 광주지역의 중심 치소(治所)의 위치와 같다는 점을 들 수 있다. 특히 '광주객사(廣州客舍)'라는 글씨가 쓰여진 기와가 출토된 것은 이를 뒷받침하는 증거가 된다. 그러나 이 건물지에서 온돌 시설이 확인되지 않았다는 이유와, 인근 다른 지역에서도 같은 명문기와가 출토되었다는 증언이 있어 교산동 건물지가 광주객 사인지는 아직 단정하지 않고 있다.

하남에 절터가 많은 까닭

하남시에는 유난히 절터가 많다. 평지에 조성된 천왕사지와 동사지를 비롯하여 남한산과 금암산에는 약정사지, 자화사지, 신복선사지, 법화암지 그리고 이름을 알 수 없는 절터들도 꽤 있다. 아마도 하남시가 삼국시대 신주가 설치되었던 곳, 또는 불교가 성행했던 고려시대 이후 줄곧 광주의 중심지였고, 광주의 최대 호족이던 왕규가 뿌리내리고 있었던 곳이기 때문이 아닌가 한다.

왜냐하면 천왕사와 동사는 그 규모가 어마어마하기 때문에 고려 황실의 지원, 또는 호족의 도움이 없이 그러한 절을 짓는다는 것은 도저히 상상할 수 없기 때문이다. 또한 천왕사지 부근에서 출토된 고려초기 대표작 '춘궁리철조석가여래좌상'이나 '광주춘궁리3·5층석탑', '태평2년명약사마애불좌상' 등은 모두 고려 초에 만들어진 우수한 작품들이고, 이들 작품들은 지방의 장인이 아닌 중앙에서 파견된 사람들에 의해서 만들어졌다고 보여지기 때문이다.

약정사지 기와

천왕사지는 언제 창건?

현재까지 알려진 천왕사에 관한 기록은 『고려사』, 『고려사절요』, 『원종국사혜진탑비』, 『세종실록』 등 4가지 정도이다. 고려사와 고려사절요에 기록된 내용은 광주 천왕사에 있는 사리를 왕륜사로 옮겨갔다는 내용이고, 원종국사혜진탑비의 내용은 원종국사가 태조에게 광주 천왕사에 머물겠다고 청하는 내용이며, 세종실록의 내용은 광주 천왕사의 사리를 대궐에 바쳤다는 내용이다.

천왕사지는 세종대학교 박물관에서 2차례의 지표조사를 실시하였고, 이어 한국문화재보호재단에서 2000년과 2001년 2차례의 시굴조사를 실시하였다. 당시 1차 조사에서 약 1,800여 평 정도의 면적을 조사하였는데 목탑지(추정)·건물지·담장지·배수시설 등 유구 22개소를 찾았고·기와·벽돌(塼)·대형 항아리, 청자 등 97점의 유물이 출토되었다.

그중 기와는 글씨가 새겨진 명문기와가 12점, 막새 23점, 평기

천왕사지 전경

와가 32점 출토되었는데, 명문기와는 천왕(天王)이라는 글씨가 새겨진 것이 8점으로 가장 많았다. 이것은 이 사찰의 이름이 천왕사였음을 알려주는 중요한 단서가 된다. 명문기와는 표현수법·제작수법·재질 등으로 미루어 볼 때 대체적으로 고려전기에 제작된 것으로 추정되고, 막새는 통일신라말에서 고려 초에 제작된 것으로 보인다. 청자는 9세기말에서 12세기, 백자는 16세기로 추정된다.

　2차 조사에서는 약 2,000여 평을 조사하여 석축·석렬·기단 등 18개소의 유구가 찾아졌으며, 유물은 기와·도자기·철기 등 114점이 출토되었다. 역시 기와류가 91점으로 가장 많은 수를 차지하였으며 도자기가 14점 출토되었는데 시기는 통일신라에서

조선시대의 것으로 보여진다. 천왕사가 언제 창건되어 언제 폐
사되었는가에 대해서 현재까지 나타난 문헌자료와 발굴유물로
보아서는 고려 초 또는 통일신라시대 말에 창건되어 조선초기까
지 존속했던 것이 아닌가 생각된다.

동사지는 황룡사지 만큼 큰 사찰

동사지(사적 제352호)는 이성산 남쪽 고골 저수지 옆의 야산 기슭에 자리잡은 절터이다. 1988년 판교~구리간 고속도로가 건설될 때 동국대학교 박물관에 의해 발굴조사가 되어 절터의 규모와 창건 시기가 어느 정도는 알려졌다.

금당터는 현 대웅전 주변에 있는 넓은 평지로 약 2m 높이의 기단 위에 거칠게 다듬은 사각 초석이 줄지어 있으며, 중앙에는 본존불의 팔각대좌 하대석이 있다. 하대석은 직경이 약 5m에 이르는데 당대 최대 규모인 것으로 판단된다. 그러나 이 하대석이 불상대좌의 하대석이 아니라 목탑의 하대석이라는 의견이 있어 앞으로 추가 조사가 이루어져야 확실한 것을 알 수 있을 것이다.

초석 배열로 미루어, 과거에 있었던 건물은 정면 7칸, 측면 6칸의 2층 불전으로 추정되는데, 경주 황룡사의 금당에 필적하는 규모였을 것으로 짐작된다. 발굴과정에서 금동불상과 막새 · 명문기와 · 도깨비기와 · 청동 불기류 및 도자기가 출토되었고, 특

팔각대좌

히 '광주동사(廣州桐寺)'라는 명문기와가 출토되어 이 절의 이
름이 '광주동사'였음을 알게 되었다. 금당터 동편에는 춘궁리 3
층 석탑과 5층 석탑이 나란히 서 있어 금당이 쌍탑(雙塔)을 마주
하고 남동향으로 배치되어 있었던 것으로 추정된다. 춘궁동 동
사지는 고려초기 최대의 절터로서 가람배치나 건축양식이 독특
하여 건축사적으로 중요한 유적이다

부처님의 사리를 모신 탑

탑(塔)은 석가모니의 진신사리를 봉안하기 위한 일종의 무덤이며 '탑파(塔婆)'의 준말이다. 석가모니가 죽은 후 그의 제자들은 당시의 장례 풍속에 따라 화장하였다. 이때 인도의 여덟 나라가 그의 사리를 차지하기 위해 쟁탈이 일어나자 그들에게 석가모니의 사리를 똑같이 나누어주어 각기 탑을 세우도록 했는데 이것이 탑의 기원이라고 한다.

한국의 불교는 중국을 거쳐서 4세기 후반에 수용되었고 탑의 건립 또한 인도에서 직접 전해진 것이 아니라 중국을 거쳐 그 기술을 습득하였다. 한국에서 사찰의 중심부를 차지하는 탑은 그 초기에는 목조가 많았던 것으로 생각된다. 고구려의 평양 청암리사지 목탑지, 백제의 부여 군수리사지 목탑지, 신라의 경주 황룡사 9층 목탑지 등이 이러한 사실을 증명하고 있다. 그런데 한국에서는 이 목탑과 함께 삼국시대 말기부터 석탑도 건립되었다. 이것은 국내 도처에서 생산되는 화강석을 재료로 삼아 만들어진 것으로 600년경 백제로부터 비롯한다. 오늘날까지 남아 있는 전북 익산의 미륵사지 다층 석탑과 부여의 5층 석탑 등이 그것이다. 오늘날에 전래하는 이들 백제 석탑은 모두 한국 석탑의 모델로서, 그에 앞서서 유행하였던 목탑을 본받아 건립되었다. 그러나 신라에서는 석탑 발생의 사정이 이와는 다르다.

신라에서는 일찍이 분황사 모전탑이 건립되었는데, 이것은 돌을 벽돌처럼 작게 잘라서 쌓았으며 그 양식 또한 중국의 전탑(塼塔)을 모방하였다. 이들 두 양식이 신라에 의한 삼국통일을 계기로 하나로 종합되면서 신라 석탑으로서의 전형을 이루게 되었으며, 이것이 이후 고려·조선시대를 통하여 그 주류를 이루게 되었던 것이다.

한국에 있는 탑들은 그 재료에 따라 크게 목탑(木塔)·석탑(石塔)·전탑·모전석탑(模塼石塔)으로 나눌 수 있는데, 전탑과 모전석탑은 벽돌을 생산해야 하는 어려움 때문에 전국적으로 크게 유행하지는 못했고 일부 지역에서만 세워졌다. 목탑은 그 자체가 목재이기 때문에 여러 차례의 전쟁으로 다 소실되어 실물이 전해지는 것은 없고 현재는 각처에 그 터만이 남아 있다. 그러나 한국에서는 질이 좋은 화강암을 다량으로 채취할 수 있었기 때문에 석탑이 크게 발달하였던 것으로 보이며, 실제 1,000여 기의 탑 중 그 대부분은 석탑이다.

탑은 3층, 5층, 7층, 9층 등 홀수 층으로 되어 있는 것이 대부분이다. 물론 짝수 층으로 된 것도 있

목탑(법주사 팔상전)

석탑(불국사 석가탑)

지만, 그 수가 극히 적다. 그 이유는 1, 3, 5, 7, 9가 양의 수이고 2, 4, 6, 8은 음의 수이기 때문이다. 양은 높고 귀하고 길(吉)한 의미를 지니고 있고, 음은 낮고 천하고 흉(凶)한 의미를 지니고 있다. 따라서 음을 멀리하고 양을 가까이 하기 위해 홀수 탑이 세워졌다고 볼 수 있다. 3은 천지인(天地人), 5는 오행(木火水金土), 9는 양의 마지막 수이기 때문에 완성을 의미한다.

모전탑(분황사 모전탑)
전탑(안동 신세동 7층 전탑)

광주 춘궁리 5층 석탑

춘궁동 동사 경내에 있는 광주 춘궁리 5층 석탑(보물 제12호)은 신라 석탑의 양식을 이어받은 고려시대의 정사각형 석탑이다. 고려 전기인 10세기 후반에 건립된 것으로 보이는 이 탑은 높이가 7.6m이며 2층의 받침돌(기단)과 5층의 몸돌(탑신)로 이루어졌는데 상륜부는 노반(露盤 : 머리장식 받침)만 남아 있다. 1963년 보물 제12호로 지정되었으며 1965년 해체 보수 되었다.

이 석탑의 특징은 1층의 몸돌이 2단으로 이루어진 점이다. 즉 몸돌 전체를 아래 위 2단으로 나누어 아래 단에 4개의 네모난 암석을 두고 그 위에 한 장의 암석을 얹어 놓은 형태이다. 2층의 받침돌 양식이 통일신라시대의 특징이라고 한다면, 이것은 고려시대에 나타난 새로운 형태로 광주서5층석탑(보물 제109호)과 같은 양식이다.

지붕돌(옥개석)은 1~3층은 4장, 4층은 2장, 5층은 1장의 돌로

광주 춘궁리 5층 석탑

이루어져 있고, 밑면은 1층은 5단, 2~4층은 4단, 5층은 3단의
받침을 두었는데, 이러한 구성은 몸돌이 위로 갈수록 강하게 줄
어드는 느낌을 갖게 한다. 이 석탑은 받침돌에서 1층 몸돌까지는
이 지역 기반암과 동일한 편마암으로 조성되었고, 1층 지붕돌 이
상은 화강암의 석재가 사용되었다.

광주 춘궁리 3층 석탑

3층 석탑(보물 제13호)은 화강암으로 만들어진 고려시대의 석탑으로 신라의 전형적인 석탑 양식을 그대로 이어 받고 있다. 높이는 3.6m이며 2층의 받침돌과 3층의 몸돌로 이 루어졌는데 상층 받침돌의 남쪽 면석과 상륜부는 소실되었다.

이 석탑의 특징은 각층의 몸돌 비율이 급격히 줄어드는 데에 있다. 1층의 몸돌이 지나치게 큰데 비해서 2층과 3층은 현저히 줄어들었고 지붕돌도 이에 비례해 줄어들었다. 이러한 급격한 체감 비율은 다른 탑에서는 매우 드문 일이다. 그러나 매우 안정 감이 있고 명확하고 세련된 수법을 보여주고 있다.

일제강점기 때 서울로 옮겨지다가 되돌아왔다고 하는데, 크기 나 형태가 다른 두 개의 석탑이 나란히 서있는 점은 어울리지 않 을 뿐 아니라, 5층 석탑이 금당 중심과 일직선을 이루기 때문에 3층 석탑이 이동되었을 것이라는 주장도 있다. 1966년 해체 보 수공사를 할 때 탑 안에서 납석으로 만든 작은 탑들이 나왔고, 2000년에 다시 해체 복원하였다.

광주 춘궁리 3층 석탑

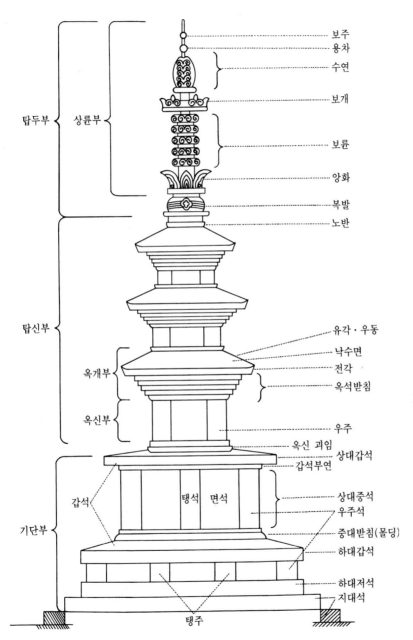

보주
용차
수연
보개

보륜

앙화

복발
노반

유각·우동
낙수면
전각
옥석받침

우주

옥신 괴임
상대갑석
갑석부연

상대중석
우주석

중대받침(몰딩)
하대갑석

하대저석
지대석

탑두부 상륜부

탑신부

옥개부

옥신부

갑석 탱석 면석

기단부

탱주

석탑 세부도

불상은 부처님의 형상

불상은 부처님의 형상을 회화·조각 등의 조형 형식으로 표현한 것이다. 그런데 원래 인도에서는 석가모니가 죽은 이후 약 500여 년 동안 불상이 존재하지 않았었다고 한다. 전설에 의하면 석가모니가 도리천에 올라가서 어머니 마야부인에게 설법을 하였는데 이때 열렬한 신자였던 스라바스티 성의 프라스트나지 왕과 코삼비 성의 우다야나 왕은 각각 금과 향목(香木)으로 5척의 불상을 만들었다고 전해지지만, 실제 유물상으로 볼 때 불상이 처음 조성된 시기는 기원 후 1세기 경인 인도의 쿠샨왕조 시대였다. 이 시기에 인도 서북부 간다라 지방은 서방의 헬레니즘 문화의 영향을 강하게 받았는데, 이 영향으로 비로소 인체의 형상을 빌린 불상이 나타나기 시작하였다. 그래서 간다라 불상은 서구적인 얼굴 모습에 사실적인 모습이 강조되었다.

우리나라에 불교가 전해진 것은 삼국시대이다. 서기 372년(소

『삼국사기』 이차돈의 순교

「법흥왕」 15년에 불법(佛法)을 처음으로 행하였다. 앞서 눌지왕 때에 묵호자(墨胡子)란 중이 고구려에서 일선군(지금의 선산)에 이르니, 군민 모례(毛禮)란 자가 자기 집에 토굴을 짓고 그를 모셔 두었다. 그때 양나라에서 사신을 신라에 보내 의복과 향(香)을 주었다. 군신이 그 향 이름과 그것의 소용을 알지 못하여 사람을 시켜 향을 가지고 국내로 돌아다니며 물었다. 묵호자가 이를 보고 그 이름을 일러 주며 말하기를, "이것을 태우면 향기가 아름답비 퍼져 신성(神聖)에게 정성을 통할 수 있으며, 이른바 신성은 삼보(三寶)에서 더 지나갈 것이 없으니, 삼보는 첫째 불타(佛陀)요, 둘째 달마(達磨)요, 셋째 승가(僧伽)다. 만일 이를 태워서 축원을 드리면 반드시 영험이 있으리라"고 하였다. 이 때 마침 왕녀가 갑자기 병으로 위독하니 왕이 묵호자로 하여금 향을 태워 축원을 드리게 하였더니 왕녀의 병이 곧 낫는지라, 왕이 매우 기뻐하여 묵호자에게 예물을 후히 주었다. 묵호자는 나와 모례를 보고 얻은 물건을 주며 말하기를, "나는 이제 갈 곳이 있다" 하고 작별을 청하더니 얼마 아니하여 간 곳을 알 수 없었다. 비처왕 때에 이르러는 아도화상(阿道和尙)이 부하 3명과 함께 역시 모례의 집에 왔었는데, 그의 모습이 묵호자와 비슷하였고 몇 년을 머물러 있다가 앓지도 않고 죽었다. 그 부하 3명이 남아 있어 경률(經律)을 강독하니 왕왕 신자가 생겼다. 이에 이르러 왕도 또한 불교를 일으키려 하나, 군신은 믿지 아니하고 입으로 떠들기만 하므로 왕은 주저하였다. 근신(近臣) 이차돈(異次頓)이 말하기를, "청건대 신의 목을 베어 중의(衆議)를 정하소서" 하니, 왕은 말하기를 "본시 도를 일으키자는 것이 근본인데 무고한 사람을 줄일 수는 없다" 하였다. 이차돈이 대답하기를, "만일 도를 행할 수 있다면 신은 죽어도 유감이 없습니다" 하였다. 왕은 이에 군신을 불러 물으니 모두 말하기를, "지금 보건대 중들은 머리를 깎고 이상한 옷을 입었으며 말이 기괴하고 거짓스러워 보통의 도가 아니오니, 지금 만일 이것을 그대로 내버려 둔다면 혹 후회가 있을지 모릅니다. 신들은 비록 중죄를 입을지라도 감히 어명을 받들지 못하겠습니다"라고 하였다. (그러나)이차돈 만은 홀로 말하기를, "지금 군신의 말은 옳지 못합니다. 대개 비상한 사람이 있은 연후에 비상한 일이 있으니, 들건대 불교는 그 뜻이 깊다 하오니 불가불 믿어야 하겠습니다"라고 하였다. 왕이 말하기를, "여러 사람의 말은 깨뜨릴 수 없고 너 혼자 의론이 다르니 둘 다 좋을 수는 없다" 하고 드디어 그를 형리에게 버리어 장차 목을 베려 할 때 이차돈이 죽음에 임하여 말하기를, "나는 불법을 위하여 형을 받으니 불(佛)이 만일 신령이 있다면 내가 죽은 뒤에 반드시 이상한 일이 있으리라" 하였다. 그의 목을 베자, 잘라진 데서 피가 용솟음치는데 핏빛이 젖과 같이 희었다. 여러 사람이 보고 피이하게 여겨 다시는 불사(佛事)를 반대하지 아니하였다.

수림왕 2) 고구려에 중국 전진(前秦)의 왕 부견이 승려 순도(順道)와 불상·경문을 보내왔고, 이어 백제에도 384년(침류왕 1)에 중국 동진(東晋)에서 온 마라난타라는 승려에 의하여 불교가 전래되었으며, 신라에서도 528년(법흥왕 15) 불교가 공인되었다. 이처럼 불교가 처음 전해진 것은 4세기 말이지만 곧바로 불상이 나타난 흔적은 찾기 어렵다.

신라의 경우에도 기록에 나타나는 최초의 절은 544년(진흥왕 5)에 완성된 흥륜사이지만 불상의 유무는 확인되지 않는다. 그러나 566년(진흥왕 27) 완성된 황룡사에서는 인도에서 보낸 모형에 따라 금동삼존불상이 주조되었다는 『삼국유사』의 기록으로 보아 6세기 후반에는 신라에서도 불상 조성이 이루어졌음을 추측할 수 있다.

불상은 재질에 따라 금동불(金銅佛)·철불(鐵佛)·목불(木佛)·석불(石佛) 등으로 나눌 수 있는데, 석불 중에서 바위에 새긴 것은 마애불(磨崖佛)이라고 한다. 우리나라에서 불상이 나타나는 6세기 후반에는 금동불과 삼존불의 형식이 많고, 석조 불상으로는

광주 춘궁리 철불

장곡사 금동약사불

법주사 마애불

대부분 암벽에 부조(浮彫)로 조각한 마애불이 많다. 그러나 통일 신라시대 후기, 즉 8세기 말에서 9세기에 이르면 불상 조성에 있어 금동상이 줄어드는 반면 석조상이나 철불상이 많이 등장한다. 우리나라에서는 석가불, 아미타불, 약사불, 비로자나불 등이 널리 숭상되었기 때문에 특히 이들 불상이 많이 만들어졌다.

불상은 자세에 따라 서있는 불상은 입상(立像), 결가부좌(結跏趺坐)를 하고 앉아있는 불상은 좌상(坐像)이라고 한다. 이 2가지 모습이 대부분이나 의자에 앉아 오른쪽 다리를 왼쪽 다리 위에 얹어놓은 반가상(半跏像), 또는 누워있는 와상(臥像) 등도 있다. 부처님이 걸치고 있는 옷(法衣)이 양 어깨를 덮고 있으면 통견(通肩)이

결가부좌 부처가 좌선할 때 취하는 자세로 오른발은 왼쪽 허벅지 위에, 왼발은 오른쪽 허벅지위에 놓고 발바닥은 하늘을 향하게 앉는 자세.

좌상

반가상

와상(위)

입상(아래)

라 하고, 한쪽 어깨만을 덮고 있으면 우견편단(右肩偏袒)이라고 한다.

불상은 손 모양에 있어서도 여러 가지 모습을 보이고 있는데 이를 수인(手印)이라 한다. 오른손을 위로 올리고 손바닥을 밖으로 하여 두려워하지 말라는 의미의 시무외인(施無畏印)과 왼손을 밑으로 하여 소원을 받아들인다는 여원인(與願印), 오른 손으로 땅을 짚어 부처가 악마를 물리쳤음을 증명하는 항마촉지인(降魔觸地印) 등이 대표적이다.

대개 불상은 대좌 위에 앉아있고 뒤에는 광배를 두르고 있는 것이 일반적이다. 대좌는 불상을 안치하는 대(臺)를 말하는 것이고, 광배는 부처의 몸에서 빛이 나는 것을 형상화한 것이다. 머리에만 표현한 것을 머리광배(頭光)라 하고, 불상의 윤곽을 따라 불상 전체에 표현한 것을 전신광배(身光)라 한다

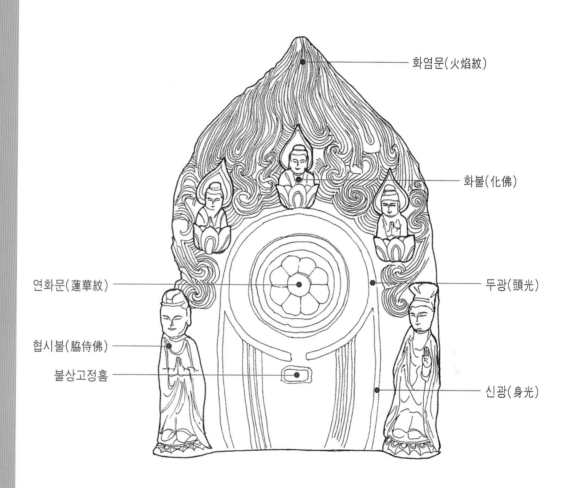

화염문(火焰紋)

화불(化佛)

연화문(蓮華紋)

두광(頭光)

협시불(脇侍佛)

불상고정홈

신광(身光)

건흥5년명 금동광배

●── 항마촉지인이란? ──●

섹가모니가 아직 도를 터득하기 전 정각산에서 내려와 네란자라강[尼連禪江] 건너편 부다가야의 보리수(菩提樹) 아래 금강좌(金剛座) 위에 결가부좌를 하고 선정인을 취하였다. 깨달음을 얻기 전까지는 그 자리를 떠나지 않겠다는 결의의 뜻이었다. 이때 제6천의 마왕 파순(波旬)이 만약 섹가모니가 깨달음을 얻으면 모든 중생이 구제되고 자기의 위력은 당연히 감소될 것으로 생각하여 여러 가지 방해 공작을 하였다. 처음에는 미녀를 보내어 쾌락으로 섹가모니를 유혹하였으나 성공을 거두지 못하자, 마왕은 마침내 지하세계의 모든 군세(軍勢)를 동원하여 힘으로 섹가를 쫓아내려 하였다. 마왕이 칼을 들이대면서 섹가모니에게 물러나라고 위협하자 섹가모니는 '천상천하에 이 보좌에 앉을 수 있는 사람은 나 한 사람뿐이다. 지신(地神)은 나와서 이를 증명하라'고 하면서 오른손을 풀어 무릎 위에 얹고 손가락을 땅에 대었다. 그러자 지신이 홀연히 뛰쳐나와 이를 증명하였는데, 이때의 모습이 항마촉지인이다. 따라서 이 수인은 섹가모니만이 취하는 인상이다

부처님 수인

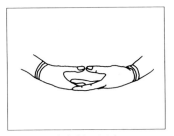

선정인(禪定印)

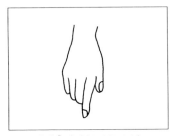

항마촉지인(降魔觸地印)

전법륜인(轉法輪印)

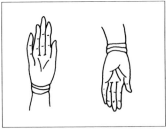

시무외인(施無畏印)・여원인(與願印)

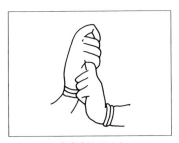

지권인(智拳印)

춘궁리 철조석가여래좌상

현재 국립중앙박물관에 보관되어 있는 춘궁리철조석가여래좌상(보물 제332호)은 고려시대의 철불로 높이가 약 3m이며 하남시 하사창동의 절터에서 출토되었다. 이 철불은 현재 남아있는 고려시대 철불 가운데 가장 큰 규모로 알려져 있다. 출토 당시에는 허리부분까지 흙속에 잠긴 상태였는데 1911년 덕수궁 미술관(당시 총독부 박물관)으로 옮겨져 손상된 양 귀의 끝 부분과 콧등, 두 손이 보수되었고 1960년대에 현재와 같은 모습으로 수리되었다.

양식적으로는 통일신라말의 철불 양식을 이어받은 고려식 철불로 10세기의 특징을 지녔다고 한다. 대개 정확한 출토지를 알 수 없는 불상이 많은데 비하여 이 철불은 정확한 출토지를 알 수 있기 때문에 자료적 가치가 매우 높다. 철불의 규모로 보아 큰 사찰에 모셔졌던 불상임을 알 수 있으며 10세기의 대표적인 불상으로 미술사적 의의가 크다. 지금도 이 불상이 발견된 하사창동의 절터 부근 민가에는 팔각대좌의 일부인 석물이 남아 있다.

일제강점기의 기록에 보면 하사창동의 절터에서 통일신라 말기에 속하는 많은 기와조각이 출토되었고 철불 2구가 동서로 남향하여 놓여 있었는데, 서쪽의 철불은 크고 동쪽의 철불은 작았다고 한다. 7~8년전 이왕가(李王家)박물관으로 옮겼다고 하는데, 이 철불 외에 동쪽의 작은 철불은 행방을 알 수 없다.

춘궁리 철조석가여래좌상

태평이년명마애약사불좌상

이 마애불은 교산동 선법사 옆에 있다. 경기도유형문화재 제59호 '광주교산리마애약사여래좌상'으로 불리다가 1989년 4월 보물 제981호로 지정되면서 '태평이년명마애약사 불좌상(太平二年銘磨崖藥師佛坐像)'으로 이름을 바꾸었다. 높이가 93cm이고 광배와 대좌를 갖추고 있으며 이천에 있는 '태평흥국 명마애보살좌상'(보물 982호)보다 조각술이 훨씬 정교하다. 왼손에는 약그릇을 들고 있으며 코는 거의 떨어져 나가고 없다. 불상의 왼편에는 "태평이년정축칠월이십구일고석불재여사을중 수위금상황제만세원(太平二年丁丑七月二十九日古石佛在如賜乙重修 爲今上皇帝萬歲願)"이라는 글씨가 음각으로 새겨져 있다. 이것을 번역하면 '태평 2년(977) 정축 7월 29일에 옛 석불이 있던 것을 중수하오니 지금 황제의 만세를 기원합니다'라는 말이 된다.

그런데 이 마애불의 글씨에는 몇가지 의문점이 제기되고 있다. 첫째, 977년(광종 2)에 중수했다고 한다면 이 마애불은 적어

도 977년 이전에 만들었다는 것인데 정확히 언제 조성되었는지가 의문이며, 또한 중수한 흔적도 없다는 것이 의문점이다. 둘째, 977년 은 원래 '태평' 2년이 아니라 '태평흥국(太平興 國)' 2년이다. '태평흥국'을 줄여서 '태평'이 라고 불렀다고 하지만, 중국에서 '태평'이라 는 연호를 실제 사용한 적이 여러 번 있었기

태평이년명마애약사불좌상

때문에 그 중의 하나로 보는 사람도 있다. 셋째, 정교한 마애불 조각술에 비해 글씨체가 워낙 조잡하기 때문에 과연 마애불 조 각과 같은 시기, 같은 사람에 의해서 글씨가 쓰여졌느냐 하는 점 도 의문이다.

사리고개 석불

사리고개 석불은 이미 일제강점기 때 조선총독부에서 몇 차례에 걸쳐 조사한 바 있다. 1917년의 조사보고서에 의하면 화강암의 석재를 사용하여 배 모양의 돌(船形後背面)에 부조(浮彫)풍으로 조각하였으며, 당시에도 다리 부분 이하는 매몰되어 있었다고 한다. 코 부분이 결손되었고 얼굴이 심하게 훼손되어 있었다고 하며 고려초기 작품으로 보고 있다. 1920년 조사보고서에도 반육조(半肉彫)의 약사여래입상으로 배 모양(舟形)의 광배와 함께 하나의 돌로 이루어져 있으며 제작의 기교가 떨어지지만 고려시대 작품이 틀림없다고 하였다. 역시 1937년에도 이 석불에 대한 기록이 있는데, 전해 내려오는 구전을 인용하고 있는 점이 다르다. 즉 이 석불이 아들을 낳게 하는데 효험이 있어 서울 방면에서 참배하는 사람이 많았는데, 이 석불을 위해 집을 지으면 이상하게도 인근 마을 부녀자들이 정조를 어지럽힌다고 전해져 마을 사람들이 밤에 그 집을 파괴하는 일이 있었다고 한다.

　이 석불은 원래 사리고개 위에 있었으나 고속도로가 통과하면서 지금은 이성산 쪽으로 옮겨졌다. 1987년까지만 해도 비록 석불의 몸체부분은 시멘트로 덧칠을 하여 훼손이 되었지만 광배와 불상의 머리부분은 그런대로 원형을 유지하고 있었다. 그러나 지금은 광배도 없어지고 머리부분은 다른 돌로 교체되어 완전히 원형을 잃었다. 허리부분 위만 바닥 위로 나와 있기 때문에 입불(서있는 불상)인지 좌불(앉아있는 불상)인지도 확인하기 어렵다. 그 옆에 석불 1구가 더 있는데, 이것도 역시 하체 일부만 남아있고 훼손이 심하다. 2구 모두 고려초기 작품으로 추정되고 있다.

사리고개 석불

스님의 사후 안식처인 부도

승려의 사리(舍利)나 유골을 안치한 묘탑(墓塔)을 부도(浮屠)라고 하며, 사찰에 부도를 세우는 것은 불교식 장례법이다. 우리나라에 불교가 전래된 것은 4세기 후반이지만 문헌상으로 그때부터 부도를 세웠다는 기록은 찾아보기 어렵고 9세기에 이르러 당나라에서 선종이 들어온 이후 부도의 건립이 크게 유행하였다고 한다.

우리나라의 경우, 『삼국유사』에 627~649년 경 원광법사의 부도를 세웠다는 기록이 있으므로 이때가 부도를 세운 시초로 볼 수 있다. 그러나 당시의 실물은 남아있지 않고 현재 남아있는 것으로는 844년(문성왕 6)에 만들어진 전흥법사염거화상탑(국보 제104호)이 가장 오래된 부도이다.

우리나라 부도의 기점을 이루고 있는 전흥법사염거화상탑은 8각형을 기본으로 하여 상대석, 중대석, 하대석의 받침돌은 물론 그 위에 놓이는 몸돌, 지붕돌, 상륜부까지 모두 8각으로 조성되

전흥법사염거화상탑
법천사지광국사현묘탑

어 있어 전체적인
평면이 8각이다. 이러한 형식의 부도를 '팔각원당형' 이라 부르
며, 이후 신라시대에 건립된 부도는 모두 이러한 형태를 기본으
로 삼고 있다.

　그러나 고려시대 이후에는 법천사지광국사현묘탑(국보 제59호)
과 같이 평면이 4각으로 변하여 일반 석탑과 같은 부도가 나타나
기도 하고, 범종 모양과 비슷한 형태의 '석종형' 부도가 나타나
8각, 4각 부도와 함께 발전하였다. 부도는 정교한 불교 조각과
화려한 장식 문양이 조각의 극치를 보이고 있고 형태에 있어서
는 전체적으로 균형된 조형으로 조화미를 보이고 있어 우리나라
석조미술의 백미로 손꼽힌다.

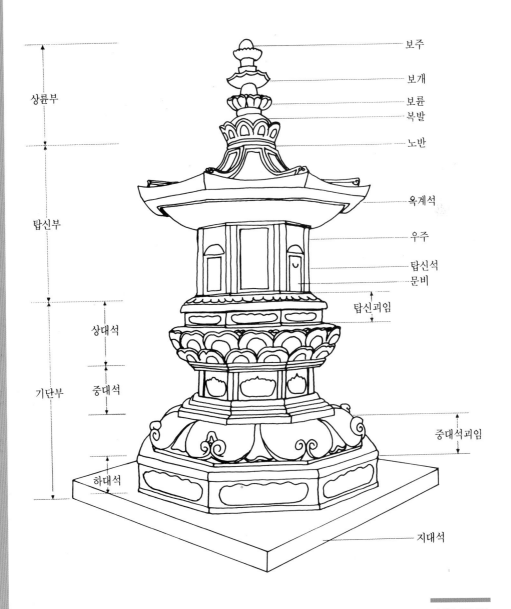

상륜부

탑신부

기단부

상대석

중대석

하대석

보주

보개

보륜
복발

노반

옥계석

우주

탑신석
문비

탑신괴임

중대석괴임

지대석

부도 세부도

법화암의 부도

상사창동 법화골에서 남한산성 북문 방향으로 하천을 따라 올라가면 법화암이라는 절터가 있다. 현재에도 법화암 터에는 지표상에 초석 일부와 탑의 지붕돌(屋蓋石)로 보이는 석탑 조각, 청자 또는 분청사기 등의 토기 조각들이 출토된다. 출토된 토기의 형태로 보아 이곳에 적어도 고려말에서부터 조선시대에 이르기까지 사찰 건물이 있었던 것으로 추정된다. 법화암지에는 약사여래좌상의 석불이 1구 있었는데 지금은 경기도 박물관에서 보관하고 있다.

절터 아래쪽 약간 평평한 터에 3기의 석종형 부도(경기도 문화재자료 제86호)가 서 있다. 그중 가운데 서 있는 부도에는 탑 몸체(塔身)에 '평원당선백대사(平源堂善佰大師)'라는 글자가 새겨져 있는데, 기록이 없어 선백대사가 누구인지는 알 수 없다. 이 부도를 바치고 있는 받침돌은 8각으로 되어 있고 '매운당(梅雲堂)'이라는 글자가 새겨져 있어 받침돌과 부도의 주인공이 일치하지 않는 것을 알 수 있다. 선백대사의 부도는 상륜부(上輪部)에 염주만이 간소하게 조각돼 있다. 이 부도의 왼쪽과 오른쪽에도 2기의 부도가 서있는데 역시 주인은 알 수 없다. 이 부도들은 법화암이 폐사(廢寺)된 뒤 도굴꾼들이 부도 안에 있던 유물을 절취하기 위해 쓰러트려 놓아서 1969년 경 다시 세워 놓았다고 한다.

상사창동 연자방아

연자방아는 연자매라고도 부르는데, 곡식을 탈곡하거나 제분을 할 때 사용하는 기구이다. 발동기가 없던 옛날 말과 소의 힘을 이용하여 한꺼번에 많은 곡식을 찧거나 밀을 빻을 때 사용하였다. 둥글고 판판한 돌판 위에 그보다 작고 둥근 돌을 옆으로 세워 얹어 아래 위가 잘 맞닿도록 하고 말이나 소가 끌고 돌린다. 지금은 정미소에 밀려 산골 일부를 제외하고는 거의 자취를 감추었으나 옛날에는 마을마다 하나씩 있어 공동으로 사용하였다.

하남시의 상사창동에 남아있는 연자방아는 일제강점기 때 법화골·샘골·중촌말 마을 주민들이 공동으로 제작하여 사용하던 것인데, 1991년 4월 12일 경기도 문화재자료 제82호로 지정되었다. 1991년에 초가지붕 형식의 8각정을 지어 현재는 그 안에 보존하고 있다.

상사창동 연자방아

수운이란?

조선시대의 한양은 이 나라의 도읍지로서 정치·사회·문화의 중심지였다. 그러한 역할을 할 수 있었던 것은 교통의 요충지라는 입지조건이 있었기 때문에 가능하였다. 즉 한양은 육상교통이든 수상교통이든 전국 각지로 쉽게 통할 수 있는 이상적 입지조건을 가지고 있었다. 육로를 이용하여 서울에서 충청도와 경상도 방면으로 갈 경우에는 동대문을 빠져 나와 광나루에서 한강을 건너 하남을 경유하여 광주방향으로 나가 충청도로 향하였다. 충청도에서 서울로 올라갈 때도 역시 하남지역을 거쳐 서울로 향하였다. 그러나 조선시대에는 육로보다는 한강을 이용한 수로가 더욱 발달하였다.

한편 물길에 따라 물자를 운반하는 경우, 크게 해운과 수운으로 나눈다. 해운이란 바닷길을 이용한 것이고, 수운은 강이나 하천을 이용한 것이다. 한강 수운에서 볼 때 하남지역은 한양의 목젖에 해당되며, 한강변에 위치하고 있어 국가 물류유통의 주요

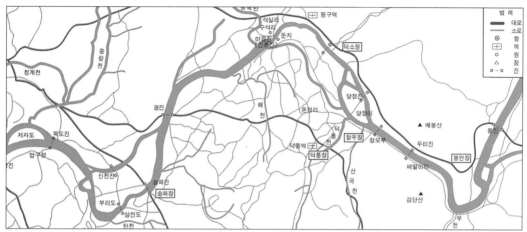

조선후기 한강유역 교통로

한 활동무대였다. 하남지역은 충청도 · 강원도 · 경상도 그리고 경기 남부지역에서 한양으로 오가는 길목이자 주요한 통로였던 한강의 수로를 끼고 있기 때문이다.

하남지역은 바로 한양의 배후지역으로서, 한강을 통하여 수로 또는 육로로 사람의 왕래, 물류의 유통을 촉진시킨 교통의 길목이었다. 전국 각지의 물화가 이곳을 경유하여 한양으로 운송되었고, 한양에서 출발한 파발이 이곳을 거쳐 각지로 달려갔다. 하남시에는 이러한 역할의 역사적 유적지로서 도미나루, 상사창 · 하사창, 덕풍역, 도미원 등의 문화유적이 남아있다.

도미나루

한강의 본류를 이루는 곳이 하남의 도(두)미협이다. 도미협
은 하남시의 검단산과 남양주시의 예봉산 줄기가 만나
좁은 협곡을 이룬 곳으로서, 남한강·북한강의 막대한 수량이
한 곳으로 모이므로 물살이 빠르다. 하남시 북단에 가래여울이
있기는 하지만, 이곳만 무사히 지나면 상류에서 흘러온 배들은
목적지인 한양까지 안전운행이 보장된다. 옛 문헌에서는 이곳
을 도미(渡迷)·두미(斗尾)·두미(斗迷)라고 하였고, 그 부근 마을
을 배알미리라 하였다.

　나루는 특성상 많은 인파가 모이게 되어 있다. 강을 건너는 사
람, 강을 따라 물품을 싣고 오는 사람과 가는 사람, 유동인구를
상대로 장사를 하는 주막집 등으로 인해 사람과 물품이 늘 북적
이는 장소였다. 자연히 포구를 중심으로 하는 상품유통이 활발
하게 전개되던 곳이었다. 주요 물품은 배로 운송되는 곡물과 강
원도 지역에서 뗏목을 만들어 내려오는 목재, 그리고 기타 포목

도미강

이 중심을 이루었다.

　하남에는 기록상으로 도미진(渡迷進), 진촌진(津村津) 등으로 불리우는 나루가 있었다. 도미진의 경우, 『중정남한지』에 의하면 주의 북쪽 동부면에 있다고 하였으므로 하남시에 있었던 것이 틀림없고, 또 『동국여지지』에서는 그곳에 동서 양쪽의 산이 강을 끼고 마주보며 서 있다고 하였는데, 동서 양쪽의 산이란 바로 검단산과 예봉산을 지칭하는 것이므로 그 사이에 바로 도미진이 위치하고 있었음을 알 수 있다. '도미'라는 명칭에 대해서는 도미부인의 설화를 기록하고 도미부인 설화의 배경이 이곳이라고 하였다.

　정약용이 쓴 『아방강역고』에서는 백제의 하남위례성을 설명하면서 "동쪽의 높은 산은 검단산을 말한 것이요, 북쪽의 한수는 도미진"이라고 하여 『삼국사기』 「백제본기」 백제건국설화에 나오는 한수(漢水)를 도미진이라고 하였다. 또 『조선왕조실록』에는 선조 때 가뭄으로 6차례나 기우제를 지내도 비가 오지 않자, 장소를 옮겨 검단산 아래 도미진에서 기우제를 지냈으며, 숙종 때에도 4차례나 기우제를 지냈다고 기록되어 있으므로 도미진이 왕실에서 기우제를 지내는 장소였음을 알 수 있다.

다음으로 진촌진은 고려시대에는 노수포(鹵水浦)라 하였고, 조선시대에는 진촌진, 미음도(渼陰渡), 독포(禿浦) 등으로 불리었으며 그 위치는 선동 쪽의 둔지 일대이다. 『세종실록지리지』에 의하면 "도미나루 서쪽을 진촌진이라 하며, 주 북쪽에 있으니 나룻머리에 수참을 두었고 참선이 15척이다."라고 하였는데, 수참은 강이나 하천을 이용한 세곡 운송을 말한다. 조선왕조는 고려와 마찬가지로 한강을 이용한 세곡 운송을 중요시하였으므로 한강 연변의 수참관리에 매우 유의하였다. 그러한 수참기지의 하나가 바로 진촌진이었던 것이다.

상사창과 하사창

옛부터 잉여물품을 일정기간 보관했다가 필요할 때에 꺼내 쓰기 위해 마련된 것이 창고이다. 이러한 창고의 역사는 선사시대까지 거슬러 올라간다. 그러나 창고의 존재가 기록상에 나타나는 것은 삼국시대부터다. 즉, 3세기 무렵 고구려에는 집집마다 작은 창고인 부경이 있었고, 백제에는 창고 관리를 담당했던 것으로 보이는 곡내부(穀內部)라는 관청이 있었으며, 신라에도 이와 같은 기능을 했을 것으로 짐작되는 창부(倉部)라는 관청이 있었다. 그러므로 삼국시대부터는 국가나 개인이 물건을 쌓아놓기 위한 창고를 가지고 있었음을 알 수 있다.

한편 역사적으로 창고는 크게 개인의 곡물과 잡물을 보관하기 위해 설치한 창고와 국가나 관청이 설치 · 관리했던 창고로 구분할 수 있다. 이 가운데 공공의 이익을 위한 창고의 형태는 네가지로 구분된다. 첫째는 국가의 관청과 왕실에 필요한 물품을 보관하는 창고, 둘째는 전국에서 거두어 들이 조세(租稅)를 보관해 두

상사창리 전경

경창 관리들에게 월급을 지급하기 위한 광흥창, 나라의 재정을 보관했던 풍저창, 군량미를 저장했던 군자창 등이 있다.

조창 한강유역에 원주의 흥원창, 충주의 덕흥창, 춘천의 소양강창 등 모두 9개의 조창이 설치되어 있었다.

사창 곡식을 저장해 곡물가격을 조절한 상평창, 빈민의 구제를 위한 의창, 곡물대여기관으로서

었던 창고로서 이른바 경창(京倉)이라고 하며, 셋째는 지역사회에서 거둔 곡식을 모아 서울로 운송하기 전에 일시적으로 보관하기 위해 해변이나 강가에 설치되었던 창고인 조창(漕倉), 마지막으로 특수한 목적을 수행하기 위해 설치된 창고인 사창(社倉)이 그것이다.

하남은 남한강과 북한강 유역에서 모인 세곡을 한강의 물길을 따라 서울로 옮기는 과정에서 그 길목에 위치하고 있었기 때문에 곡식을 일시 보관하는 장소로서의 창고와 인근 광주시 지역에서 생산되는 곡물을 보관하는 조창으로서의 창고가 존재했었다. 오늘날 비록 그 형태가 남아있지는 않지만 지명에서 상사창리와 하사창리가 있는 것만으로도 충분히 창고가 있었음을 확인할 수 있다. 이들 지명은 창고를 중심으로 하여 그 위쪽을 상사창리, 아래쪽을 하사창리라고 부른 것이다. 결국 하남에 존재했었던 창고는 조선시대에 조창으로서 역할을 담당했던 창고였던 것이다.

덕풍역

역이란 관리의 왕래, 공문서의 전달, 공물의 운송을 맡은 육상교통 조직을 말한다. 조선왕조는 한양을 중심으로 간선도로망을 개설하고 그 도로망에 역(驛)과 참(站)을 설치하여 교통과 통신기능을 강화하였으며, 도로의 요충지에는 원(院)과 점(店)을 설치하여 오가는 사람들의 숙소나 휴식장소로 활용하였다. 하남지역도 한양과 광주부를 연결하는 선상에서 일찍부터 역과 원이 설치되어 교통의 편의를 제공하고 있었다. 덕풍역과 도미원이 그것이었다.

『세종실록』에 의하면 광주지역의 역로는 덕풍역을 중심으로 경안역·낙생역·봉안역으로 이어지고 있다. 이로써 볼 때 당시의 도로망은 독포, 즉 둔지 강변에서 고골·광진·황산을 거쳐 덕풍역에 이르고, 여기에서 도미원이 있었던 도미나루를 건너 봉안역에 이르는 길, 또는 엄현(은고개)을 넘어 경안역에 이르는 길이 주요 도로였다고 추정된다.

그런데 이러한 도로망은 조선후기에 이르러 다소 변경되었다. 그것은 지금까지 고골지역에 있던 관청이 1626년 남한산성안으로 옮겼기 때문이다. 그리고 조선후기에는 곳곳에 장터거리가 형성되어 장돌뱅이들이 오가는 샛길이 새로이 개척되기도 하였다. 하남지역과 그 인근에는 당시 덕풍장·창우장·성내장·경안장·송파장·마석우장·봉안장 등이 성황을 이루고 있어, 이들 장터거리를 연결하는 도로가 개설되고 있었다. 실제로 당시의 지도·지지에서 살펴보면 검단산과 금암산 일대를 제외하고는 강변·들판·계곡을 중심으로 도로망이 형성되어 있다. 『여지도서』에는 하남지역이 속한 광주부의 도로로 한 개의 큰 길과 세 개의 작은 길 등 네 개의 도로망이 소개되어 있는데, 이중 하남을 관통하는 도로는 둔지로와 사평로이다.

둔지로는 노선길이가 총 28km로, 둔지나루~온정리~덕풍역~고골~산성북문~성안~성안동문~경안역~세피천~오포에 이르며, 사평로는 노선길이가 46km로 사평진~압구정~부리도~송파진~광진~덕풍역~창모루~두미진~봉안~양근에 이르는 길이다. 이들 도로가 비록 작은 길이지만, 광주부내의 교통에 있어서는 송파대로 못지 않은 중요한 통로로서 군량미의 운송로, 장돌뱅이의 교역로로써 그 역할이 컸다.

덕풍역은 현재의 덕풍동 역말에 있었는데, 역마 7필을 보유하고 역리·역졸들이 역을 관리하며 도로를 운영하고 있었다. 국가에서는 역의 관리를 위해 동부면·서부면 등지에 위토 60결 정도를 지급, 경비에 쓰도록 하였다.

도미원

한편 역(驛)과 참(站)이 교통시설이었다면, 원(院)과 점(店)은 그에 수반된 숙박시설이었다. 원은 공적 시설이었고, 점은 사적 시설이었다. 즉, 원은 공적인 임무를 띠고 지방에 파견되는 관원들에게 잠자리와 먹거리를 제공한, 이를테면 공공여관이었는데 역과 같은 장소에 설치되는 경우가 많아서 역원(驛院)이라고도 하였다. 원은 대개 이러한 고개마루·나루터·골짜기 입구 등에 있었다. 당시 광주군 일대에는 사평원·판교원·동양원·말을천원·황교원·쌍령원·금척원·이보원·봉헌원·둔입원·대야원·도(두)미원·인덕원·사근내원·정금원·광진원 등이 있었는데, 고개마루에 있던 원으로는 쌍령원·이보원을 들 수 있고, 나루터에 있던 원으로는 두미원(斗迷院)·사평원(沙平院)·광진원(廣津院) 등이 있다. 특히, 두미원은 두미진 입구에 있었는데, 사평소로를 따라 양평과 원주 지방으로 출장가는 관원이 나룻배를 기다리면서 머물다 가는 곳이었

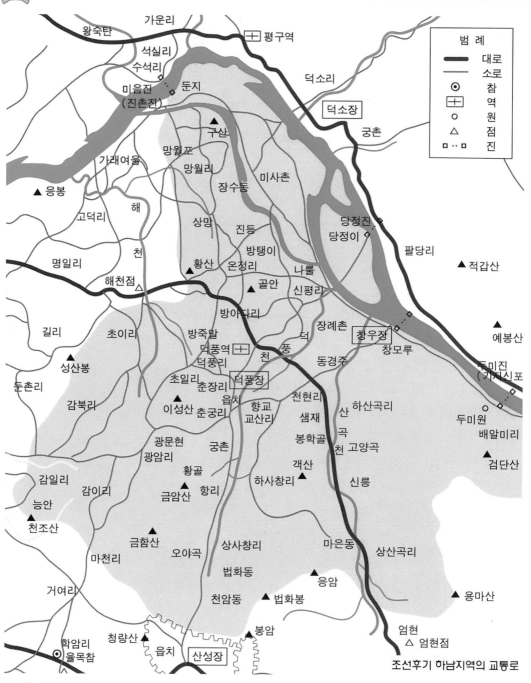

조선후기 하남지역의 교통로

범 례

▬	대로
—	소로
◉	참
✚	역
○	원
△	점
▫┈▫	진

가운리
왕숙탄
✚ 평구역
석실리
수석리
덕소리
미음진
(진촌진) ▫┈▫ 둔지
덕소장
궁촌
구산
망월포
망월리
미사촌
가래여울
장수동
응봉
해
당정진 ▫┈▫
상망
진등
당정이 ◇
고덕리
방탱이
팔당리
적갑산
명일리
천
황산
온정리
나룰
해천점 △
골안
신평리
방아다리
예봉산
길리
초이리
방죽말
장례촌
덕풍역 ✚
덕
창우장
성산봉
덕풍리
천
풍
창모루
두미진
동경주
(가칙시포)
둔촌리
초일리
춘장리
덕풍장
읍지
천현리
산
하산곡리
감북리
이성산 춘궁리
향교
샘재
곡
두미원
교산리
봉학골
천
고양곡
배알미리
광문현
궁촌
객산
광암리
황골
하사창리
신릉
검단산
감일리
감이리
항리
능안
금암산
천조산
금함산
상사창리
마은동
상산곡리
마천리
오야곡
법화동
응암
용마산
거여리
천암동
법화봉
엄현
학암리
청량산
봉암
엄현점 △
율목참 ◉
읍치
산성장

다. 물론 때로는 일반 행인에게도 휴식 및 잠자리로 제공되기도 하였다.

　이에 원의 운영을 활성화하기 위하여 정부에서는 인근 주민 가운데서 덕망이 있는 자를 뽑아 원주(院主)로 삼고 원의 시설을 정비하도록 하였다. 그리고 그 비용을 위해 원주전을 지급하였으니, 작은 길에 해당하는 두미원의 경우에는 약 1,500평 정도의 토지가 급여되었다. 원의 시설은 온돌방·마루·부엌·헛간 등과 부속한 정자 등으로 구성되었다. 큰 원은 수십 칸이 넘는 경우도 있고, 작은 원은 수삼 칸에 불과하였다. 정부가 원의 운영을 강화하고자 하였음에도 그 이용자가 제한되었고, 더구나 원주전도 점차 감축되어 16세기 이래로는 그 운영이 곤란해지면서 그 역할이 부진하더니, 임진왜란·병자호란을 거치면서 거의 폐허화되었다.

원주전(院主田) 원(院)의 경비를 충당하기 위하여 지급한 토지. 원은 교통의 요지에 설치한 국립 여관으로 원에는 원주(院主)와 원원(院員)이란 직원이 있어서 관장하였다.

점과 주막

원이 폐허화되면서 조선후기에는 점(店)이 활성화되었다. 이는 공무여행보다 상인 등 민간인의 여행이 활발해졌기 때문이다. 상인들은 사용이 제한된 원을 이용하기보다는 보다 자유로운 민간의 점을 이용하고자 했다. 숙박비를 내더라도 마음대로 이용할 수 있는 점이 편했기 때문이다. 그리고 점은 원이 있던 터에 설치되는 경우도 있어서 원의 이름이 점의 이름이 된 곳도 적지 않았다. 예컨대 쌍령원이 쌍령점으로 되었다. 이들 점은 조선후기 사회경제적 변화와 더불어 교통이 빈번해지면서 많은 여행객이 이용하는 주막으로 발전하여 갔다. 즉 조선후기에는 주막이 여행객이 쉬어가는 일반적인 숙박시설로 널리 알려지고 이용되어 갔다.

주막은 개설이 자유로웠다. 예전의 원은 30리 간격을 원칙으로 하였으나 주막은 그러한 원칙을 따를 필요가 없었기 때문에 한 곳에도 여러 주막이 생겨났다.

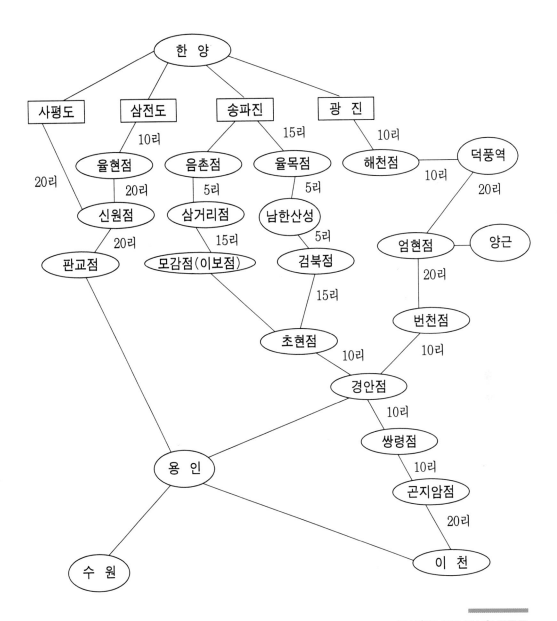

조선후기 주막 중심의 교통로

하남지역에는 교통의 길목에 주막이 형성되고 있었다. 즉, 광진에서 하남지역으로 여행하거나 장을 보려는 사람들은 초이동 입구, 고덕천 연변의 해천점 주막에서 요기를 하고 덕풍장을 본 다음, 두미원 방향으로 길을 떠나거나 아니면 경안 방향으로 여정을 잡아야 했다. 경안 방향으로 여정을 잡는다면 엄현(은고개)이라는 큰 고개를 넘어야 했는데, 계곡이 깊고 후미져 쉽게 넘을 수 없었다. 이에 고개 밑의 엄현점 주막에서 숙박을 하면서 쉬어 갔다.

주막의 크기는 곳에 따라 달랐다. 장터거리와 같이 사람들이 많이 모이는 곳의 주막은 방이 여러 개에다 곳간과 마굿간이 있어 행상인들의 물건을 맡아주기도 하고, 마굿간에서 소·말이나 당나귀 등에게 먹이를 주기도 하였다. 송파장과 같이 흥청거린 장터거리에는 이러한 주막들이 여럿 있었다. 이른바 주막촌을 형성하였다. 그러나 대부분의 주막은 한두 칸 정도의 온돌방과 술청으로 이루어진 작은 건물이었다. 온돌방은 10여 명이 함께 혼숙할 수 있게 되었는데, 봉놋방이라고도 불렀다. 주막은 그곳을 알아 볼 수 있도록 문짝에 '주(酒)' 자를 써 붙이거나, 등을 달아 놓았다. 해천점이나 엄현점은 이러한 모습의 주막이었다.

주막에서는 술과 먹거리를 팔고 잠자리를 제공하였는데, 보통 음식값 외에는 숙박비를 따로 받지 않았다. 숙박비를 받지 않았기 때문에 숙박객에게 침구를 따로 제공하지 않았다. 이러한 주막은 대개 서민들이 이용하였는데, 길 가는 나그네는 물론이고 장터를 옮겨 다니는 장돌뱅이들이 많이 이용하였다.

향교는 언제부터
있었을까?

우리나라 교육의 역사는 멀리 삼국시대로 올라간다. 『삼국사기』에 의하면 고구려에서는 372년(소수림왕 2)에 국가 주도의 관학으로 태학(太學)을 설립하였고, 민간의 사학으로 경당을 두었다. 백제의 경우는 박사 왕인(王仁)이 일본에 『천자문』과 『논어』를 전하였다는 기록으로 보아 학교 교육이 있었을 것으로 추정된다. 신라의 경우도 삼국통일 후 682년에 국학(國學)을 세웠다. 고려에서는 992년에 국자감(國子監)을 설치하였고, 사학으로서 십이도(十二徒)와 서당이 있었다.

일반적으로 향교의 시작은 고려 초부터 각 지방에 박사와 교수를 파견하면서 시작된 향학(鄕學)으로 보고 있다. 물론 향학 자체가 곧바로 향교로 이어진 것은 아니지만, 적어도 고려 중엽 1127년(인종 5)에 왕이 여러 주에 학교를 세우도록 했다는 기록이 있는 것으로 보아, 이 시기가 되면 각 지방에 학교가 설립되었던 것이 분명하며, 이것을 향교의 시작으로 보고 있다.

그러나 각 지방에 본격적으로 향교가 설치된 것은 조선시대에 들어서면서이다. 즉 1392년 조선이 건국되면서 유학교육이 장려되자, 국가에서는 서울에 성균관(成均館)과 사학(四學)을, 그리고 각 지방에는 향교(鄕校)를 설치했다. 그리고 사학 교육기관으로 서원(書院)과 서당(書堂)이 시작된 것은 중기 이후부터이다.

광주향교 전경

광주향교

광주향교에 관한 최초의 기록은 『세종실록』「지리지」인데, 이 기록으로 보아 이미 그 이전부터 향교가 설치되었을 것으로 생각된다. 현재 교산동에 위치하고 있는 광주향교는 이전해 온 것으로, 본래 위치는 정확히 알 수 없다. 다만 1846(헌종 12)년에 간행된 홍경모의 『중정남한지』에는 "본래 고읍(古邑) 서쪽 2리에 있었는데, 1703(숙종 29)년에 광주부윤 이제가 고읍터로 이건하였으며, 남한산성에서 북쪽으로 10리"라고 하였으므로 이 기록에 의하면 향교고개 방향으로 2리 쯤 떨어진 곳이 원래의 향교자리가 된다.

여기서 말하는 '고읍'이란 광주관아 즉, 광주 관청이 있던 자리를 의미한다. 따라서 현재의 향교터에 있던 광주관아가 1626년(인조 4) 남한산성으로 옮겨가고, 그로부터 약 70~80년 후에 서쪽 2리에 있던 향교를 이곳으로 이전했다는 것이다.

향교의 건물

제도적인 것은 기본적으로 성균관을 모방하였기 때문에 문
묘와도 불가분의 관계를 가지고 있었다. 그래서 건물의
배치도 성균관을 기준으로 대성전과 동·서무를 두어 선현의
위패를 모셔놓고 제사를 지냈으며, 명륜당과 동·서재를 두어
학생(儒生)들을 교육시켰다.

성균관의 대성전은 공자와 사현십철(四賢十哲) 위패를 봉안하
는 가장 중요한 기능을 가진 건물이고, 동·서무는 여러 유현(儒
賢)의 위패를 봉안하고 제사지내는 건물이다.

명륜당은 강학하는 교육의 중심 건물이고, 동·서재는 학생들
의 공부방이자 숙소이다. 명륜이란 『맹자』「등문공편」에 나오는
구절로 "학교를 세워 교육을 행하는 것은 인륜을 밝히기 위함이
다"라는 의미이다. 그리고 내삼문으로 배향과 교육의 공간을 나
누고, 외삼문으로 향교의 출입 정문을 삼았다. 세 개의 문 가운데
동문은 밖에서 오른쪽으로 들어가는 문이며, 서문은 돌아서 나

오는 문으로 정해져 있었다. 그리고 향교의 규모에 따라서 고직사(庫直舍)·반노청(班奴廳)·전사청(典祀廳)·포주(包廚) 등의 부속 건물이 있는 경우도 있다.

  하남시 향교의 주건물인 대성전은 주심포집 맞배지붕 건물이며 양쪽 벽에는 풍판이 달려 있다. 대성전에는 5성(공자·안자·증자·자사·맹자), 동·서무에는 우리나라 18현(十八賢)의 위패가 봉안되어 있다. 동·서무는 같은 크기로 맞배지붕 형식이며 내부에는 송조 2현과 해동 18현의 위패를 모셨다. 명륜당은 팔작지붕으로 중앙에 당(堂)을 두고 좌우에 동실과 서실을 두었다. 서재는 맞배지붕 건물로 온돌이 설치되어 있다. 그외 수복실(守僕室)이 있으며, 외삼문 입구에 하마비(下馬碑)가 세워져 있다.

광주향교 명륜당

◉── 성균관의 기본구조 ──◉

　향교의 크기에 따라 대성전과 동·서무에는 성현들의 위패를 모셨는데, 규모에 따라 관찰사가 있는 곳에는 대설위(大設位), 부·목·도호부에는 중설위(中設位), 군·현에는 소설위(小設位)의 위패를 모셨다. 하남의 광주향교는 중설위의 위패를 모시고 있다.

◉── 대·중·소설위의 위패배치도 ──◉

　건물의 배치는 성균관의 경우, 대성전이 앞에 있고, 대성전 뒤쪽 동서로 동·서재가 배열되어 있으며, 뒤쪽에 명륜당이 배치되어 있는 전묘후학(前廟後學)의 배치이다. 향교의 경우는 장소에 따라 다른데, 평지일 때에는 전면에 배향공간이 오고 후면에 강학공간이 오는 경우가 있고, 경사진 곳이면 그 반대로 전학후묘(前學後廟)의 경우도 있으며, 예외적으로 동·서로 하는 경우도 있다.

　그러나 대개는 명륜당이 전면에 위치하고 그 동서로 동·서재가 있으며, 제나와 교육의 공간을 구분하기 위하여 명륜당 뒤쪽에 담장을 치고 그 안에 동·서무를 좌우에 배치하며, 가장 뒤쪽에 대성전을 배치하는 것이 일반적인 형태이다. 광주향교도 기본적으로 이와 같은 배치이지만, 현재는 전사청과 제기고 및 동재가 없다. 광주향교의 동재가 언제 없어졌는지는 자세히 알 수 없으나『남한지』에는 동·서재가 나타나는 것으로 보아『남한지』가 쓰여진 1846년 이후에 없어진 것으로 보인다. 현재 동재를 복원하고 있다.

재정과 유생의 수

운영에 필요한 재정은 원칙적으로 향교에 소속된 토지와 노비를 기반으로 하였다. 향교 토지는 교전·교답 또는 향교전이라 하여 여기서 나오는 수입은 제사와 교육에 쓰였다. 제사를 위한 토지를 위토 또는 위전이라 하는데, 위전의 수입은 석전제전을 비롯한 삭망의 분향 등에 쓰이기에 제전(祭田)이라 고도 한다. 교육의 재원으로 쓰이는 토지인 학전은 학위전·교 전·향교늠전이라고 한다.

향교전과 향교노비제는 조선초기부터 있었으나, 정식으로 책 정된 것은 태종 때부터이다. 제전은 유수관 50결, 대도호부·목 은 40결이었다. 1445년(세종 27년)에는 제전을 올려주었는데, 유 수관은 15결, 대도호부와 목은 10결로 하였다. 제전의 이 액수는 조선말까지 거의 변동이 없었지만 학전은 후기로 갈수록 줄어들 었다. 즉 성종 때에는 도호부 이상의 학전은 10결, 군은 7결, 현 은 5결이 되었으며, 그뒤 영조 때에 도호부 이상은 7결로 줄었고

삭망 음력 초하루와 보름을 이 르는 말

153

군 이하는 5결이 되었다.

　향교의 노비도 처음 제정할 때인 1413(태종 13년)에는 유수관은 20호, 대도호부 · 목은 15호, 도호부는 10호, 군은 7호, 현은 5호로 되어 있었는데, 1417(태종 17년)에는 유수관은 30호, 군은 15호, 현은 10호로 증가시켰다.

　유생의 수는 『경국대전』에 의하면 부 · 목에 90명, 도호부에 70명, 군에 50명, 현에 30명으로 정하고 교수와 훈도를 각 1명씩 두었으며 교수는 종6품, 훈도는 정9품관으로 임명하게 되어 있었다. 그러나 현임관리로 교수와 훈도를 임명하는 것이 어렵게 되자, 조선후기에는 교임제도를 두어 지방유림 가운데서 추천을 받아 도유사 · 장의 · 유사를 임명하고 전교 또는 교장으로 불렀다.

향교의 기능은 제사와 교육

기본적으로 향교의 기능은 제사와 교육이다. 먼저 제사의 기능으로는 춘추의 제전과 삭망분향·고유제·위안제·서원제 등의 제의(祭儀)가 있으나, 일반적으로 행해지는 것은 석전제(釋奠祭)와 삭망분향 뿐이고, 그외의 제의는 특별한 사정이 있을 때에 한해 이루어진다.

석전제란 연 2회 봄·가을에 거행한다. 봄에는 음력 2월 상정일(上丁日)과 가을에는 8월 상정일에 행한다. 삭망분향례는 매달 초하루와 보름날에 지내는 것이나 현재는 거의 생략하고 있다. 조선시대에는 수령이 제향의 헌관(獻官)으로 하는 것이 관례였으며, 관내의 유생·교생 뿐 아니라 모든 양반 사족 및 일반 백성까지 참여시켜 유교의 의례를 배우도록 하였다.

향교는 지방의 유일한 관학이었으므로 조선초에는 지방교육의 중심이었다. 또한 향교보다 초급의 교육기관으로 서당이 있었고, 고등과정으로는 중앙의 성균관이 있었으므로 향교는 중등

상정일 2월 들어 첫 번째 맞이하는 '정(丁)' 자가 든 날. 옛날부터 10간 12지라고 하여, 갑·을·병·정·무·기·경·신·임·계의 10간에, 자·축·인·묘·진·사·오·미·신·유·술·해의 12지를 번갈아 맞춰 해·달·날·시까지 헤아리는데 썼는데 상정일은 그 달의 첫번'정' 자가 든 날이다. 이날 서울 성균관 문묘와 지방의 향교에서는 석전제를 올린다. 이것은 봄철의 석전제이지만 가을철 8월에도 석전제를 올린다.

교육기관의 성격을 가지고 있었다고 할 수 있다

향교에서 교육을 받는 대부분의 생도들은 과거시험의 소과(小科)에 응시하는 준비과정에 있는 사람들이었다. 법규정에는 향교에 입적되어 있는 사람에게만 소과에 응시할 자격을 주었다. 선비라면 누구나 과거에 응시할 목표를 가지고 있었기 때문에 지방의 선비들은 거의가 그 지방 향교에 적을 두고 있었고, 향교의 입학 연령은 16세부터였다.

청금록

향교에서의 교육기간은 대개 4년이며, 1년차에는 소학·대학·시전, 2년차는 논어·서전·가례, 3년차에는 맹자·주역·심경, 4년차에는 중용·예기·근사록을 공부했다. 향교는 관학이었기 때문에 정부의 지시와 감독을 받도록 법으로 규정되어 있어 행정체계상으로는 예조의 지시를 받아야 하나 실제로는 지방의 수령이 관장하고 있었다. 그러나 이와 같은 향교의 교육적 기능은 조선중기 이후 서원이 설립되면서부터는 차츰 그 기능을 상실해 갔다. 1895년 소학교령이 반포되어 사립학교가 늘고, 1911년 일제에 의해 경학원규정이 반포되면서 교육적 기능을 완전히 상실하게 되고, 현재는 제사를 지내는 기능만 남게 되었다.

한편 현재 광주향교에 남아 보관되고 있는 옛 문헌들은 크게 청금록(靑衿錄)·유안(儒案)·선생안(先生案)·향장안(鄕長案) 등의 인명부(人名簿)를 비롯하여, 향교와 관련된 사건들을 기록한 기(記), 그리고 그밖에 정문(呈文)·완문(完文)·양안(量案) 등이 남아 있어 어떤 인물들이 광주향교에서 배출되었는가를 알 수 있다. 한편 향교의 제사인 석전제와 관련된 자료들로 홀기(笏記), 제물등록(祭物謄錄) 등이 있는데, 이들 자료들을 통해 광주향교 석전

제에 사용될 제물들이 어디에서 어떤 식으로 공급되고 어떤 의
식으로 행하여지는지 알 수 있다. 그밖에 전장기(傳掌記)류와 광
주 관아에서 내려온 완문이나 정문 등의 자료들이 있다.

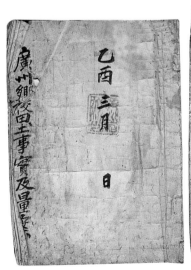

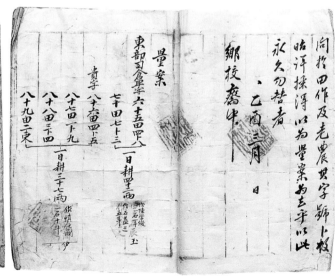

양안

서원이 처음 건립된 것은?

주세붕　1495(연산군 1)~
1554(명종 9) 조선 중종·명종
때 문신·학자. 자는 경유, 호는
신재·남고, 시호는 문민공이다.
1541년 풍기군수로 부임하여
1542년(중종 37) 백운동(순흥)에
고려 말의 학자 안향의 사당 회
헌사를 세우고, 이어 1543년에
주자의 『백록동학규』를 본받아
서 우리나라 최초의 서원인 백운
동서원(소수서원)을 창설했다.

서원이 처음 건립된 것은 1543년(중종 38) 풍기군수 주세붕(周世鵬)이 경상도 순흥에 백운동서원(白雲洞書院)을 창건한 것이 시초이다. 주세붕은 1541년에 풍기군수로 부임하여, 이곳 출신 유학자 안향을 모시는 문성공묘(文成公廟)를 세워 배향해 오다가, 1543년에 유생 교육을 위한 백운동서원으로 발전시켰다. 그러나 백운동서원은 어디까지나 사묘가 위주였고, 서원은 다만 유생이 공부하는 건물만을 지칭하여 사묘에 부속된 존재에 그쳤다. 그뒤 서원이 독자성을 가지고 정착·보급된 것은 퇴계 이황(李滉)에 의해서이다. 이황이 풍기군수로 부임하게 되자 우선 서원을 공인화하고 서원의 존재를 널리 알리기 위해 백운동서원에 대한 사액(賜額)과 지원을 국가에 요구하였다.

서원의 건립은 본래 향촌 유림들에 의해 사적으로 이루어지는 것이므로 국가가 관여할 필요가 없었다. 그러나 서원이 지닌 교육 및 제사 기능이 국가의 인재양성과 교화정책에 깊이 연관되

어 있었기 때문에, 국가에서 특별히 서원의 명칭을 부여한 현판
과 그에 따른 서적·노비를 내린 경우가 있었다. 이러한 특전을
부여받은 서원을 사액서원(賜額書院)이라 한다. 이황의 요청으로
명종은 1550년에 소수서원(紹修書院)이라는 어필 현판을 하사하
고, 서적과 노비를 주었다. 이로써 백운동서원이 사액서원의 효
시가 되었다.

소수서원

노량진에서 옮겨진 사충서원

사충서원은 신임옥사(辛壬獄事) 때 죽은 김창집·이이명·이건명·조태채를 제사지내기 위해 1725년(영조 1) 과천 노량진(지금의 서울시 노량진역)에 설립된 서원이다. 이들은 영조를 옹립하려다 소론의 공격으로 모두 사약을 받고 죽은 사람들인데, 영조는 즉위한 뒤 이들을 포함한 관련자 전원의 지위를 회복시키고 이들을 제사지내기 위해 사충서원을 건립할 것을 명하였다. 서원을 노량진에 설립한 이유는 노량진이 과천으로 가는 길목에 있었고, 또 사육신 서원과도 가깝다는 이유에서였다.

사충서원은 1726년 사액서원이 되었는데, 다음 해인 1727년에 정미환국(丁未換局)으로 소론정권이 들어서 이들을 다시 죄인으로 만들자 서원도 따라 철폐되었다. 그후 1740년 경신처분(庚申處分)으로 다시 충신으로 판정되었다. 그러나 서원은 곧바로 세워지지 못하다가, 1756년에 다시 설립되면서 사충서원이라 부르게 되었다

사충서원은 1868년(고종 5), 대원군의 서원철폐 때에도 철폐되지 않고 존속된 47개 서원 가운데 하나였다. 1927년 사충서원 자리가 철도 용지로 편입되게 되면서, 당시 고양군 한지면 보광동(현재 용산구 보광동)으로 이건하였다. 그러나 1952년 6.25전쟁으로 서원이 파괴되었고, 1968년 사림의 주선으로 당시 광주군 중부면 상산곡리(현 하남시 상산곡동)로 이전하여 현재에 이르고 있다.

사충서원

신임옥사(辛壬獄事)

신임옥사는 1721년(경종1)~1722년 왕통문제와 관련하여 소론이 노론을 숙청한 사건이다. 노소론 사이의 대립에 왕통문제가 개입된 것은 장희빈(張禧嬪)의 아들인 경종이 세자로 책봉되고 뒤에 왕위를 이었기 때문이다. 갑술환국(甲戌換局)으로 남인이 축출된 뒤, 노론과 소론은 장희빈의 처벌문제를 놓고 대립하였다. 노론 측은 장희빈이 인현왕후를 모해하였으므로 죽여야 된다는 주장을 한 데 반해, 소론 측은 다음 왕이 될 세자를 위해 장희빈을 날려야 옳다고 주장하였다. 노론은 경종이 즉위한 뒤 1년만에 연잉군(영조)을 세제(世弟)로 책봉하는 일을 주도하고 세제의 대리청정을 강행하려 하였다. 소론 측은 노론의 대리청정 주장을 경종에 대한 불충(不忠)으로 탄핵하여 정국을 주도하였고, 결국에는 소론정권을 구성하는 데 성공하였다(신축옥사). 이러한 와중에 그 이듬해 목호룡의 고변사건, 즉 남인이 숙종 말년부터 경종을 제거할 음모를 꾸며왔다는 고변을 계기로 임인옥사가 일어났다. 소론은 노론이 전년에 대리청정을 주도하고자 한 것도 이러한 경종 제거 계획 속에서 나온 것으로 이해하였다. 고변으로 인해 8개월간에 걸쳐 국문이 진행되었고, 그 결과 김창집·이이명·이건명·조태채 등 노론 4대신을 비롯한 노론의 대다수 인물이 화를 입었다.

그리하여 경종 때의 신축옥과 임인옥을 합하여 신임옥사라 부르고 있다.

정미환국(丁未換局)

　정미환국은 1727년(영조 3) 극심한 당쟁을 조정하기 위해 인사를 개편한 일을 말한다. 영조는 탕평책(蕩平策)을 강력하게 시행함으로써 노론·소론을 막론하고 당파심이 강한 사람은 제거시키고자 하였다. 때마침 노론의 이의연이 상소하여 물의를 일으키자 영조는 과감하게 그를 유배시켰으며, 아울러 소론 중에서 당파성이 농후한 김일경·목호룡 등도 국문 결과 상소를 허위 날조한 사실이 밝혀져 처형하고, 같은 파의 이광좌 등도 유배시켰다. 한편 노론의 정호·민진원 등을 기용하고 '신임옥사'에 희생된 김창집 등의 관작을 복구해 원혼을 위로해 주었다.

탕평책 : 조선시대 영조가 당쟁의 폐단을 없애기 위해 노론과 소론에서 똑같이 인재를 등용하려던 정책.

건물과 배치

건물은 선현의 제사를 지내는 사당, 교육을 실시하는 강당, 그리고 원생·진사 등이 숙식하는 동재와 서재로 이루어져 있다. 그밖에 부속 건물로 문집이나 서적을 펴내는 장판고(藏版庫), 책을 보관하는 서고, 제사에 필요한 제기고(祭器庫), 서원의 관리와 식사 준비를 담당하는 고사(庫舍), 시문을 짓고 대담을 하는 누각이 있었다.

건물의 배치 방법은 문묘나 향교와 비슷하여 남북의 축을 따라 동·서에 대칭으로 건물을 배치하고 있으며 남쪽에서부터 정문과 강당·사당 등을 이 축선에 맞추어 세우고 사당은 별도로 담장을 두른 다음 그 앞에 삼문을 두어 출입을 제한하였다. 이 부근에 제사를 위한 제기고가 놓이고 강당의 앞쪽 좌우에 동·서재를 두었으며 강당 근처에는 서고와 장판각이 위치하였다. 고사는 강학구역 밖에 한 옆으로 배치하는 것이 일반적이다.

사충서원의 경우, 현재 제사를 지내는 사당과 삼문(三門)·현

판·묘정비·4대신의 영정 그리고 서원을 관리하는 건물이 있
다. 현판의 글씨는 김충현이 쓴 것이며, 사단법인 제27호로 등록
되어 있다.

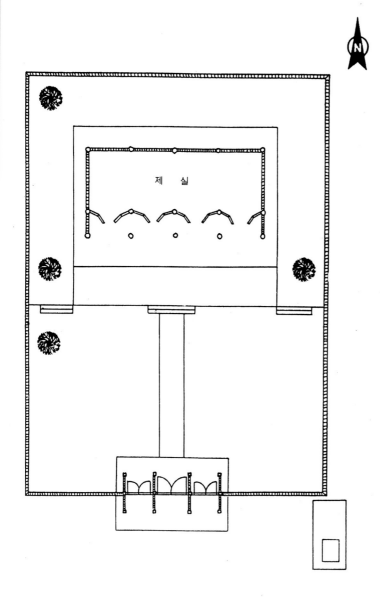

제 실

사충서원 배치도

서원에 배향된 인물들

김창집(金昌集, 1648년~1722년)은 본관이 안동이고 자가 여성(汝成)이며 호는 몽와(夢窩)이다. 좌의정 김상헌(金尚憲)의 증손이며 영의정 김수항(金壽恒)의 아들이다. 그는 1672년(현종 13)에 진사시에 합격하였으나, 1675년 아버지 김수항이 유배를 가 있었으므로 과거의 응시를 미루었다. 1681년(숙종 7) 내시교관을 제수받았고, 1684년 공조좌랑으로서 정시문과에 을과로 급제, 정언·병조참의 등을 역임하였다.

1705년 지돈녕부사를 거쳐 이듬해 한성부 판윤·우의정, 이어서 좌의정에까지 이르렀다. 1712년에는 사은사로 청에 갔다가 이듬해 귀국, 1717년(숙종 43) 영의정에 올랐다.

그는 노론으로서 숙종 말년 세자의 대리청정을 주장하다가 소론의 탄핵을 받았고, 숙종이 죽은 뒤 영의정으로 원상이 되어 서정을 맡았다. 경종이 즉위하여 34세가 되도록 병약하고 자녀가 없자 후계자 선정 문제로 노론과 소론이 대립하였다. 이때 영중

사은사(謝恩使) 중국에 파견되는 조선시대의 사신.

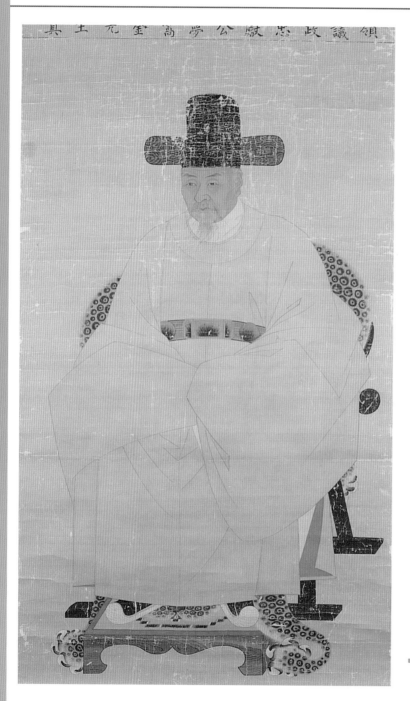

領議政忠獻公夢學金元土具

김창집

왕세제(王世弟) 조선시대의 왕위는 여러 왕자 중 장자를 왕세자로 봉하여 계승하였다. 그러나 왕위를 계승할 왕자가 없는 경우 왕의 동생을 왕세제로 봉하여 왕위를 계승하게 하였다.

추부사 이이명 · 판중추부사 조태채 · 좌의정 이건명과 함께 노론 4대신은 연잉군(延礽君)을 왕세제로 세우기로 하여 숙종의 계비 김씨의 후원을 얻었다. 이에 경종의 비 어씨와 장인 어유구, 사직 유봉휘 등의 반대가 있었으나 결국 실행하게 되었다. 1721년(경종 1) 다시 세제(뒤에 영조)의 대리청정을 상소하여 처음에 경종은 대소 정사를 세제에게 맡길 것을 허락하였으나 소론의 격렬한 반대로 실패하였다. 수개월 뒤 소론의 극렬한 탄핵으로 노론이 축출되고 소론의 정국이 되었다. 곧 이어 소론의 김일경 · 목호룡 등이 노론의 반역도모를 무고하여 신임옥사가 일어나자 거제도에 유배되었다가 이듬해 성주에서 사약을 받고 죽었다. 1724년 영조 즉위 후 관직이 복구되었으며 영조의 묘정에 배향되었다. 영조 때 사충서원에 배향하였으며 거제의 반곡서원에도 제향되었다. 시호는 충헌(忠獻)이다.

이이명(李頤命, 1658년~1722년)의 본관은 전주(全州)이고 자는 지인(智仁), 양숙(養叔)이며 호는 소재(疎齋)이다. 세종의 아들 밀성군(密城君)의 6대손으로 영의정 이경여의 손자이자 대사헌 이민적의 아들이다. 어려서 작은 아버지 이민채의 양자로 들어갔다. 1680년(숙종 6) 별시문과에 을과로 급제하여 홍문관 정자로부터 벼슬을 시작하였다. 1686년 사헌부 집의로 있으면서 문과 중시에 병과로 급제하여, 이듬해 1월 강원도 관찰사에 특별히 임명될 때까지 홍문관의 박사 · 수찬 · 교리 · 응교, 사헌부 지평 · 사간원 헌납 · 이조 좌랑 · 의정부 사인 등을 역임하면서 송시열 · 김석주의 지원 아래 이선 · 이수언과 함께 노론의 기수로 활약하였다. 강원도 관찰사로 나간지 8개월만에 승정원의 승지가 되어 조정에 돌아오는 등 남다른 승진을 거듭하였다.

이이명

1701년(숙종 21) 예조판서로 특별 임명되었고, 이어 대사헌·한성부 판윤·이조판서·병조판서 등을 역임하다가, 1706년(숙종 32) 우의정에 올랐다. 그리고 1708년(숙종 34) 숙종의 신임을 한 몸에 받으면서 좌의정에 올라 세제(뒤의 영조)의 대리청정을 추진하다 실패하여 다시 남해로 유배되기까지 15년 동안을 노론정권의 핵심적 존재로 활약하였다.

이 동안 숙종의 죽음으로 고부사가 되어 연경에 갔을 때 독일신부 쾨글러와 포르투갈 신부 사우레즈 등을 만나 교유하면서, 천주교와 천문·역산에 관한 서적을 얻어가지고 돌아와 이를 소개하였던 것으로 전한다. 1721년(경종 1) 세제의 대리청정이 실현되려다가 실패하자, 이를 주도한 김창집 등과 함께 관직을 삭탈당하고, 남해에 유배되어 있던 중 목호룡의 고변으로 이듬해 4월 서울로 압송되어 사약을 받고 죽었다. 공주에 우선 안장되었다가 1725년(영조 1) 복직되면서 임천 옥곡에 이장되었고, 영조의 지시로 한강가에 사우가 건립되었다. 시호는 충문(忠文)이다.

이건명(李健命, 1663년~1722년)은 본관이 전주(全州)이고, 자는 중강(仲剛)이며, 호는 한포재(寒圃齋)이다. 영의정 이경여의 손자이며 이조판서 이민서의 아들이다. 그는 1684년(숙종 10) 진사시에 합격하고, 1686년(숙종 12) 춘당대 문과에 을과로 급제하여 설서에 임명되었다. 이어 수찬·교리·이조정랑·응교·사간을 역임하였으며, 1698년 서장관으로 청에 다녀온 뒤 우승지·대사간·이조참의·이조판서 등의 요직을 두루 거쳤다.

1717년(숙종 43) 우의정에 발탁되어 숙종으로부터 왕자 연잉군(뒷날 영조)의 보호를 부탁받았다. 경종 즉위 후 좌의정에 승진하여 김창집·이이명·조태채와 함께 노론의 영수로서 연잉군의

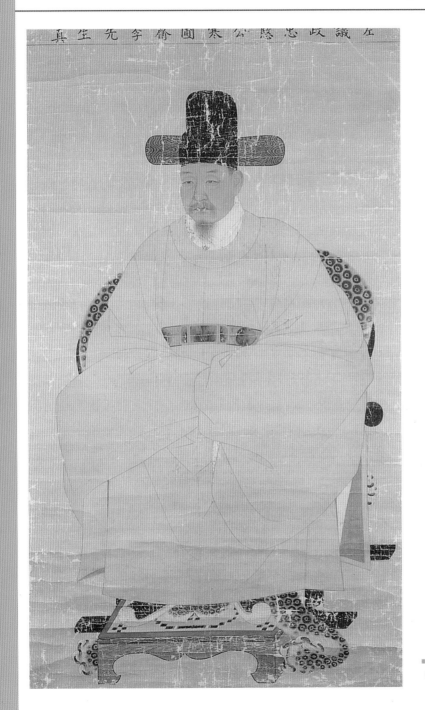

左議政忠愍公寒圃李爵先生真

이건명

왕세자 책봉에 진력하였으나, 이로 인하여 반대파인 소론의 미움을 받았다. 1722년(경종 2) 목호룡의 역모고변으로 전라도 흥양의 뱀섬에 유배되었다가, 앞서 주청사로 청나라에 가있으면서 세제책봉을 요청하는 명분으로 경종이 위증(양기가 없어 여자를 가까이 하지 못하는 병)이 있다고 발설하였다는 죄목으로 유배지에서 사약을 받았다. 1725년(영조 1) 노론 정권하에서 신원되어 충민(忠愍)이라는 시호가 내려졌으며, 하남시의 사충서원, 흥덕의 동산서원, 나주의 서하사에 제향되었다

조 태채(趙泰采, 1660년~1722년)는 본관이 양주(楊州)이고 자는 유량(幼亮)이며 호는 이우당(二憂堂)이다. 형조판서 조계원의 손자이며 괴산군수 조희석의 아들이다. 그는 1686년(숙종 12) 별시 문과에 종형 조태구와 함께 병과로 급제하여 내직으로는 승문원의 정자 · 저작 · 박사와 성균관의 전적 · 직강, 사헌부의 감찰 · 지평 · 대사헌, 사간원의 정언 · 헌납 · 대사간, 홍문관의 수찬 · 교리, 승정원의 동부승지, 장례원의 판결사, 한성부의 판윤, 그리고 육조의 판서, 좌참찬 겸 판의금부사 등을 거쳐, 1717년 우의정에 이르고 판중추부사에 전직하였다.

경종이 즉위하자, 영의정 김창집, 판부사 이이명, 좌의정 이건명, 호조판서 민진원 등과 함께 연잉군(뒤의 영조)의 세제책봉을 건의하여 실현시켰으며, 이어 세제의 대리청정까지 이르게 하였다. 그러나 소론인 우의정 조태구와 최석항 등의 반대로 대리청정의 명이 철회되고 노론세력이 대거 정계에서 제거되기에 이르렀다. 특히 2년전, 승지 김일경이 올린 노론 4대신 축출의 상소가 채택되어 조태채도 진도에 유배되고, 다음해 유배지에서 사약을 받고 죽었다.

조태채

1725년(영조 1) 우의정 정호의 진언으로 복직되었으며 절도에 나누어 유배되었던 자녀들도 모두 풀려나게 되었다. 하남시의 사충서원과 진도의 봉암사에 제향되었다. 시호는 충익(忠翼)이다.

전쟁의 기원

우리나라에서 전쟁은 언제부터 일어났을까? 씨족을 바탕으로 공동체 생활이 기반을 이루고 있었던 신석기시대에는 전쟁이 거의 없었다. 개인의 재산이 인정되지 않고 모든 것이 공동소유였기 때문이다. 그러나 사유재산이 인정되고, 법이 만들어지면서 지배자와 피지배자가 형성되기 시작한 청동기시대부터는 이른바 정복전쟁이 시작되었다. 대표적인 예가 고조선과 한나라와의 전쟁이다.

이후 우리 민족은 삼국시대를 거치면서 고구려 · 백제 · 신라가 한반도의 주도권을 장악하기 위해 패권다툼을 벌였다. 다른 민족과의 전쟁은 고구려와 수 · 당과의 전쟁, 신라와 당과의 전쟁이 대표적이다. 통일을 이룩한 신라는 찬란한 한민족의 문화를 형성하면서 큰 전쟁을 겪지는 않았다.

신라의 뒤를 이은 고려는 500여년간 지속되었다. 이 기간 동안 북방에서 거란족 · 여진족 · 홍건적 등이 생겨나면서 끊임없이 고려를 침략하였다. 그리고 남쪽에서는 왜구의 침입이 이어졌다. 1270년경에는 몽고의 대대적인 침입이 이루어져 약 100여년간 몽고의 간섭을 받기도 하였다. 이와 같은 외세의 침략에 대항하여 온 국민의 일치단결된 힘과 지략으로 국난을 극복하면서 나라를 유지하여 왔다.

1392년에 건국한 조선은 초기 200여년간 전쟁이 없는 평화시대를 이어갔다. 그러다가 1592년 일본의 침입으로 7년간에 걸친 지루한 전쟁이 이어졌고, 1636년에는 북방의 만주지역에서 성장한 청나라가 침략하는 병자호란이 발생하였다. 임진왜란은 잘 극복하였으나 병자호란에서는 후금에 굴복하는 치욕을 당하기도 하였다.

이러한 전쟁을 통해 우리 민족의 끈질긴 저항정신과 독립정신이 겨레의 마음속에 남아있고, 오늘날 민족정신의 한 뿌리를 형성하고 있는 것이다. 수많은 전쟁 가운데 특히 하남과 밀접한 인연을 가지고 있는 것은 병자호란이다.

병자호란과 삼전도비

1627년 후금의 조선에 대한 침입(정묘호란)은 조선과 후금이 형제관계의 맹약을 맺으며 일단락되었다. 그러나 1632년부터는 양국관계를 다시 형제관계에서 군신관계로 고칠 것과 황금과 백금 1만 냥, 전마 3,000필, 정병 3만 명을 요구하였다. 또한 1636년에는 사신을 보내어 조선에서 신하의 예를 갖추기를 요구했다. 이에 인조는 후금 사신을 만나지 않고 8도에 선전문을 내려 후금과 결전할 의사를 굳혔다. 1636년 4월 후금의 태종은 나라의 이름을 청나라로 고친 후, 조선이 왕자·대신·척화론자를 인질로 보내 사죄하지 않으면 공격하겠다고 위협하였다. 그러나 조선은 청나라의 요구를 계속 묵살하면서 항전을 다짐했다. 드디어 그해 12월 9일, 청태종은 청·몽골·한인으로 편성한 10만 대군을 친히 거느리고 압록강을 건너 쳐들어왔다. 당시 의주에서 백마산성을 굳게 지키고 있던 임경업 장군은 청나라의 침입에 만반의 준비를 하였으나, 임경업을 두려워한 청나라의 선봉장 마부대는 의주를 피하여 서울로 진격하였다. 13일에서야 조정에서는 청나라 군의 침입사실을 알았다. 14일에 적은 이미 개성을 통과하였고, 조정에서는 급히 강화와 서울의 수비를 서둘렀다. 그와 동시에 종묘사직의 신주와 세자비·원손·봉림대군·인평대군 등은 강화로 피난하였다.

한편 인조는 강화도로 피난하려 하였으나 이미 청나라 군에 의해 길이 막혀 소현세자와 백관을 거느리고 하남과 인접해 있는 남한산성으로 대피하였다. 인조는 훈련대장 신경진 등에게 성을 굳게 지킬 것을 명하고, 8도에 근왕병(勤王兵)을 모집하도록 격문을 띄웠다. 그러나 16일부터 청나라 선봉군은 남한산성을 포위하였고, 남한산성 아래 탄천에 20만 청나라 군을 집결시켜 성은 완전히 고립되었다.

당시 성내에는 1만 3천여명의 병력이 있었으나 대부분의 식량은 하남시 창우리의 창고에 있었고, 산성 안에는 단지 50일 정도 지탱할 수 있는 식량 밖에 없었다. 창우리의 식량은 갑작스럽게 청나라에 포위되었기 때문에 미처 운반하지 못했던 것이다. 또한 지방에서 올라오는 병력도 청나라의 포위망을 뚫지 못하여 구원세력의 도움도 받지 못했다. 이에 몇차례 성문을 열고 나가 접전을 벌이기도 하였으나 별다른 돌파구를 마련하는 데는 실패하였다. 이러한 상황에서 성내에서는 최명길 등 청나라와 화친을 맺자고 주장하는 주화파와 끝까지 싸우자는 김상헌 등의 주전파 사이에 논쟁이 계속되었다. 그러다가 화친을 맺자는 주장이 우세하여 마침내 성문을 열고 항복하기로 하였다. 청나라 태종은 조선의 항복을 받아들이는 조건을 제시하였다. 우선 인조가 친히 성밖으로 나와 항복하되, 양국관계를 악화시킨 주모자 2, 3명을 잡아 청나라에 넘길 것을 요구하였다. 조선

은 때마침 강화도가 청에게 함락되었다는 소식을 듣고 더 이상
버티지 못하고 최명길 등을 적진에 보내어 항복조건을 교섭하
였다.

결국 인조는 1월 30일, 항전 45일만에 세자 등 500여명을 거
느리고 성문을 나와 삼전도에서 굴욕적인 항복을 하고 한강을
건너 서울로 돌아왔다. 청나라는 소현세자·봉림대군 등을 인
질로 하고, 홍익한·윤집·오달제 등 청나라와 끝까지 싸우기
를 주장하였던 3학사를 잡아 2월 15일 중국으로 돌아갔다. 이
후 조선은 명나라와는 관계를 끊고 청나라와 외교관계를 이어
가게 되었다.

삼전도비

삼전도비

당시 청나라에 항복한 조선은 청나라의 요구에 의해 삼전도에 청태종공덕비(淸太宗功德碑)를 세웠다. 이 비는 삼전도비라고도 부른다. 현재 사적 제101호로 지정된 이 비는 석촌동 백제초기 적석총에서 동쪽으로 약 100m 가량 떨어진 송파구 송파동 187번지 어린이놀이터 옆에 있다. 비신(碑身)은 대리석으로 이수(螭首)와 비신이 하나로 되어 있는 통비(通碑) 형태를 갖추고 있다. 귀부(龜趺)는 네모난 좌대 위에 놓여 있으며 귀부의 등에는 사각문(四角紋)을 조각하고 그 위에 와운문(渦雲紋)으로 장식하였다. 이수는 서로 엉킨 운룡문(雲龍紋)을 조각하였다. 비 앞면 오른쪽 절반은 만주문자 20행, 왼쪽 절반은 몽고문자 20행이 적혀 있다. 그리고 왼쪽 윗 부분에는 만주문 8자의 비 제목과 몽고문 7자의 비 제목이 횡서로 적혀 있으며, 뒷면에는 한문으로 윗 부분에 '대청황제공덕비(大淸皇帝功德碑)'라고 7자가 새겨져 있다. 국내에서 한 비석 안에 3개국 문자가 들어 있는 것으로는 유일한 비이다. 이 비는 병자호란 때 청태종이 대군을 거느리고 우리나라에 침입하여 서울을 점령한 다음, 남한산성에 주둔하고 저항하였던 인조를 항복시킨 사실을 기록하였다.

이 비는 340여 년을 내려오는 동안에 두 차례나 매몰되어 영구히 세상사람들의 시야에서 사라질 뻔하였다가 다시 햇빛을 보게 되었다. 그 첫 번째는 일제 때 일본이 조선을 지배하게 되면서 조선민족의 모일모화사상(每日慕華思想)을 조장하는 것이 된다 하여 이 비를 땅 속에 매몰하였던 것이고, 두 번째는 1956년 당시 문교부에서 이 비를 나라의 치욕스런 기록물이라 하여 또 다시 파묻은 것이다. 그뒤 장마 비로 흙이 흘러 내려가면서 비석의 몸체가 드러나게 되어 강 언덕 비탈에 비스듬히 누워 있던 것을 다시 원래의 위치보다 송파 쪽으로 조금 옮긴 현재의 위치에 세우게 된 것이다. 이 비의 내용은 청이 조선에 출병한 이유, 조선이 항복한 나닐과 항복한 뒤에 청황제는 우리에게 피해를 끼치지 않고 곧 회군했다는 것을 기술하였다. 문장은 이조판서 이경석(李景奭)이, 글씨는 당시의 명가인 오준(吳竣)이, 전(篆)은 여이징(呂爾徵)이 썼다.

이 비는 부여 정림사 탑신에 새긴 '대당평백제국비명(大唐平百濟國碑銘)'과 함께 나라의 치욕적인 일을 기록한 유적임에는 틀림없으나, 이 자체가 또 하나의 역사적 교훈이 될 수 있다는 점에서 잘 보존되어야 할 것이다. 이 비문의 아래와 위에 조각되어 있는 이수와 귀부는 그 조각이 웅장하면서도 정교하여 조선후기의 우수한 석공 예술의 일면을 보여 주기도 한다.

귀부(龜趺) : 거북 모양으로 만든 비석의 받침돌.
와운문 : 구름이 소용돌이 치며 움직이는 듯한 형태의 모습으로 조각된 무늬를 말함.
운룡문 : 구름무늬와 용문양이 함께 조각되어 있는 모습으로 용이 승천하는 듯한 인상을 준다.
이 수 : 건축물과 공예물에서 뿔없는 용의 서린 모양을 아로새긴 형상으로 흔히 종의 머리부분
     이나 비의 윗부분에 많이 쓰인다.

삼백용사가 순국한 법화골

남한산성은 하남시와 광주시 그리고 성남시 등 3개 지역에 모두 연결되어 있는데, 남한산성을 중심으로 볼 때 북문 일대가 하남시 지역이다. 남한산성은 지리적으로 한강을 끼고 수도 서울에 인접해 있기 때문에 일찍부터 군사전략상 주목을 받아오던 곳이므로 성을 쌓아 적의 침입에 대비하였다. 현재 남아있는 성은 조선시대에 쌓은 것으로 사적 제57호로 지정되어 있고 옛부터 주장성(晝長城)·일장성(日長城)·일장산성 등으로도 불렸다.

　남한산성이 현재의 모습으로 대대적인 개수를 한 것은 후금(後金)의 위협이 고조되고 이괄(李适)의 난을 겪고 난 1624년(인조 2)이다. 인조는 총융사(摠戎使) 이서(李曙)에게 축성할 것을 명하여 2년 뒤에 둘레 6,297보, 여장(女墻) 1,897개, 옹성(甕城) 3개, 성랑(城廊) 115개, 문 4개, 암문(暗門) 16개, 우물 80개, 샘 45개 등을 만들고 하남에 있던 치소(治所)를 산성 안으로 옮겼다. 그

이괄의 난

1624년(인조 2) 정월 평안병사 겸 부원수인 이괄이 주동이 되어 일으킨 반란이다. 이괄은 인조반정 때 공이 컸음에도 불구하고 2등공신으로 책봉되었고, 더욱이 외지인 평안도로 부임하였을 뿐 아니라 조정에서 자신의 아들에게 모반의 혐의를 씌워 체포하려 하자 이에 항의하며 군사를 일으켰다. 이괄은 1만여 명의 군사를 이끌고 평양을 피해 서울로 진격하였다. 이괄의 군대는 황주 신교(薪橋)와 예성강 상류에서 관군을 맞아 대파하고 임진강에 이르러서도 관군을 기습공격해 붕괴시켰다. 그리하여 인조 이하 대신들은 서울을 떠나 공주로 피난하였고, 2월 11일 이괄의 군대는 마침내 서울에 입성, 경복궁의 옛터에 주둔하였다. 지방에서 반란을 일으켜 서울을 점령한 것은 우리 역사상 처음 있는 일이었다.

곧 이어 도원수 장만의 군사가 서울 근교에 이르러 길마재에 진을 치고 이괄의 군대와 대치하였다. 이튿날 관군과 접전을 벌인 결과 이괄의 군대가 크게 패하였다. 이괄은 수백명의 패잔병을 이끌고 동대문 옆의 광희문(光熙門)을 빠져나가 삼전도를 거쳐 광주(廣州)로 달아났으나 2월 15일 밤 이천의 묵방리(墨坊里)에서 부하 장수들의 손에 의해 목이 잘리고 말았다. 이괄의 난으로 국왕이 서울을 떠나는 등 국내의 민심이 흔들렸고, 나아가 후금의 남침 야욕을 자극시키기도 하였다. 반란이 실패하자 주도자 가운데 한사람인 한명련의 아들 윤(潤) 등이 후금으로 도망해 국내의 불안한 정세를 알리며 남침을 종용하게 되었던 것이다. 이러한 움직임은 1627년에 일어난 정묘호란의 원인이 되었다.

삼백용사 순국지

뒤 순조 때에 이르기까지 각종의 시설이 정비되어, 우리나라 산
성 가운데 시설을 완비한 곳으로 손꼽히고 있다.

　1636년 병자호란 때에는 왕이 이곳으로 피난하였다. 남한산
성을 포위하고 있던 청나라는 대규모의 군대를 동원하여 산성
을 공격하였다. 당시 인조는 하남시와 인접해 있는 북문에 올라
진두지휘하면서 군사들을 독려하여 200여명의 적군을 쓰러뜨
리는 전과를 올렸다. 청나라는 이와 같이 결사적으로 항전하는
조선의 군사를 힘으로는 당해내지 못하였기 때문에 산성으로
의 식량공급을 막고 장기전에 들어갔다.

　그러던 중 북문 일대의 상사창리 방면에 진을 치고있던 청나
라 병사들이 노약병 약간과 많은 소와 말을 남겨둔 채 주력군을
가지리 방면으로 이동시키는 것이 노출되었다. 이를 포착한 도
체찰사 김류는 주변의 만류를 뿌리치고 300명의 군사를 동원
하여 성문을 열고 나가 소와 말을 탈취하고자 하였다. 그러나
그것은 계곡에 군사를 매복하고 조선의 군사를 성에서 끌어내

기 위한 청나라의 작전이었다. 결국 300여명의 군사는 계곡에 매복되어 있던 청나라 군사에게 퇴로를 차단당하고, 가지리 방면으로 이동하던 청의 주력부대도 방향을 바꾸어 조선군을 공격함으로써 포위망 속에서 혼전을 전개하였다. 조선군이 위기에 빠지자 뒤늦게 퇴각을 명했지만 이미 많은 병사들이 육박전을 벌이며 쓰러져가고 있었다. 이 전투에서 조선군의 병사들은 300여명이 장렬한 최후를 마치고 조선군의 참패로 끝났다. 이 전투는 조정에서의 화친을 주장하던 사람들에게 현실적인 명분을 제시하였고, 성내의 여론은 급격하게 화친쪽으로 기울여져 갔다. 300여명이 전사한 그곳에는 지금 조그만 표석이 세워져 있다.

천주교가 언제 들어왔을까?

천주교가 조선에 알려지기 시작한 것은 청의 수도 북경을 왕래한 조선사절단에 의해서였다. 1601년 중국 북경에 천주교회가 세워지고, 마테오리치를 비롯한 예수회 선교사들은 중국인들에게 서양문화와 천주교를 전파하면서, 여러 분야에 걸쳐 많은 한문 서적을 편찬하였다. 이른바 서학서(西學書)로 불리는 이 책들은 북경을 방문한 조선 사절들의 지적 호기심을 자극하기에 충분했다.

이렇게 도입된 서학서들은 학문적 열정을 가진 조선의 유교 지식인들에게 관심의 대상이 되었다. 이들 가운데 일부 지식인들은 보다 많은 것을 알기 위해 직접 북경에 가서 예수회 성직자와 접촉을 꾀하는 사람들도 생겨나게 되었다. 이수광이나 이영준 같이 중국 사행의 기회에 북경성당을 방문하여 선교사들과 천체 우주에 관한 면담을 한 경우나, 김육처럼 농업 기술상의 필요 때문에 서양역법의 도입을 주장했던 경우가 대표적이다. 이러한 접촉은 17세기 초부터 약 1세기 반이나 되는 긴 시간에 걸쳐 이루어졌다. 그러나 이와 같은 서학과의 만남이 바로 종교활동으로 이어진 것은 아니었다.

그러다가 서학의 종교적 측면, 즉 천주학에 대한 본격적인 연구가 시작되었다. 18세기 후반 중국에서 들여온 천주교리서 가운데 『천주실의(天主實義)』는 유교의 부족한 점을 보충해 준다는 입장에서 받아들여졌다. 1770년(영조 46) 경부터 홍유한을 비롯한 일부 지식인들은 이들 교리서를 공부하면서 주일의 의무를 지키기 시작하였다. 그리고 1777년에는 권철신 · 권일신 · 정약전 · 정약종 · 정약용 · 이승훈 · 김원성 · 이총억 · 이벽 등이 지금의 경기도 광주시 천진암 · 주어사(走魚寺)에 모여 실학 연구와 서학에 대한 강학회를 열기 시작하였다. 이들은 서학이라는 학문적 지식을 천주교 신앙으로 승화시키기 시작하였다. 그러나 천주교 신앙에 대한 열정을 강학회 만으로 만족할 수 없었던 이벽은 1783년 이승훈을 북경으로 가는 사절단에 포함시켜 파견하였다. 이승훈은 북경에 체류하는 동안 천주교 성당을 찾았고, 그곳의 선교사들과 친분을 갖으면서 마침내 천주교 입교를 자원하게 되었다. 서양 문물에 관심을 갖고 방문한 조선의 청년이 당돌하게 영세를 청하자 선교사들은 당혹하였다. 그러나 선교사들은 이 청년이 천주교에 대해 상당한 지식을 갖고 있고 결코 일시적인 호기심에서 영세를 요청하는 것이 아니라는 것을 알았다. 이에 드 그라몽(De Grammont) 신부는 이승훈에게 베드로라는 세례명으로 영세를 주었다.

1784년(정조 8) 봄 이승훈은 조선으로 돌아 왔다. 귀국한 뒤 이승훈은 자신을 찾아온 이벽에게 청에서 가져온 교리서와 십자가와 같은 성물을 건네주었다. 교리서와 성물을 건네 받은 이벽은 한문으로 번역된 천주교리서를 통하여 천주 신앙에 대한 이해를 굳혔다. 이로부터 이벽은 천주교 신앙을 실천에 옮기기 위해 서울 수표교 근처 그의 집에서 권일신·정약전·정약용과 더불어 이승훈으로부터 세례를 받고 정식으로 천주교에 입교하였다. 이때가 1784년 9월 경이다. 이때부터 이들은 명례방(지금의 명동)에 있는 장악원 앞의 김범우 집에서 교회 예절과 교리 강좌를 겸한 정기적인 신앙 집회를 가지게 되었다. 이로써 조선에서 최초의 천주교회가 탄생하게 되었다.

1784년 서울 명례방에서 시작된 천주교회는 이승훈·이벽·권일신을 중심으로 전교 활동을 확산시켜 갔다. 충청도 예산출신 이존창, 전주의 초남출신 유항검 등 천주교 신앙은 초기 교회지도자들의 적극적인 전교활동에 힘입어 서울·내포·전주를 중심으로 서서히 교세를 확장해 나갔다.

천주교의 박해

정부는 천주교가 유포되는 것에 대하여 그대로 놔두면 저절로 사라질 것으로 생각하였다. 그러나 천주교세가 점차 확장되고, 천주교 신자들이 조상에 대한 제사를 거부하자, 드디어 양반 중심의 신분질서 부정과 국왕의 권위에 대한 도전으로 받아들여 사교(邪教)로 규정하기에 이르렀다.

그리고는 전라도 진산군에서 윤지충이 모친상을 당하여 신주를 불사르고 제사를 지내지 않은 사건을 계기로 본격적으로 탄압을 시작하여 권일신·이단원·원시장이 순교하는 이른바 신해박해(1791년)가 일어났다. 이 사건으로 천주교 전래에 앞장을 섰던 실학자와 수많은 양반 계층이 교회를 떠나게 되었다. 그러나 이후에도 천주교는 계속 확산되어 갔다. 교회지도자들은 북경의 주교에게 선교사파견을 요청했고, 드디어 1794년(정조 18) 중국인 주문모 신부가 파견되었다. 그뒤 주문모 신부의 노력과 평신도들의 활발한 전교활동에 의해 1800년경 천주교도는 수만명 수준으로 크게 늘어났다.

그러나 1800년 6월 정조의 갑작스런 죽음은 다시 천주교의 탄압으로 이어졌다. 대규모의 탄압이 시작되면서 많은 순교자가 나왔고, 또 귀양을 가게되었다. 천주교에 대해 대탄압이 시작되자, 신자였던 황사영은 북경의 주교에게 탄압의 사실을 알리고 구원을 요청하였다. 그러나 이것이 중도에 발각되어 1801년 5월에는 중국인 주문모 신부를 비롯하려 300명 이상이 순교하는 신유박해가 일어났다. 신유박해로 천주교회는 크게 약화되어 위기를 맞았다. 그러나 각처로 흩어진 신자들은 교회 재건운동을 꾸준히 전개하였고, 로마교황청에까지 편지를 보내어 주교파견을 간청하였다.

절두산 성지

그 결과 1831년(순조 31)에는 조선이 북경교구의 관할에서 벗어나 독자적인 조선교구로 설정되었다. 그리고 1834년에는 중국인 유방제 신부를 비롯하여 모방·샤스탕·앵베르 주교가 차례로 입국하여 전교에 힘쓰자 교세가 다시 크게 일어났다. 특히 모방신부는 김대건과 최양업 등 세 소년을 뽑아 마카오에서 신학공부를 하게하여 훗날 최초의 한국인 신부를 양성했다.

그러나 안동김씨와 풍양조씨의 세도권력 쟁탈과 관련하여 천주교는 다시 크나큰 박해를 받아야 했다. 1839년을 전후하여 기해박해가 일어난 것이다. 기해박해는 특히 서울과 경기도 지역에서 가장 심했다. 기록으로 나타난 희생자만 해도 참수가 70여명, 고문에 의해 옥에서 죽은 희생자가 60여명이다. 구산의 순교자 중 김우집과 김만집도 이때 순교하였다. 이처럼 계속되는 박해에도 불구하고 교세는 계속 확장되어 1860년 초에는 전국적으로 천주교 신자의 수가 2만여 명에 이르렀고, 1866년 대원군 집권하에서의 병인박해 때에는 6명의 선교사를 비롯하여 8천여 명의 신자들이 신앙을 지키다가 순교하였다.

하남의 구산성지

올림픽대로와 구리~판교간 고속도로가 교차하는 하일 인터체인지에서 미사리 조정경기장 쪽으로 1.4km 쯤 가면 삼거리에 구산성지의 안내판이 있다. 마을을 둘러싼 뒷산이 거북이 형상을 닮았다는 구산(龜山) 마을은 현재 행정구역상으로는 경기도 하남시 망월동이다. 1984년 '한국천주교회 200주년 기념대회'에서 시복된 103위 성인 가운데 71번째 성인 김우집(金禹集, 김성우 안토니오)을 비롯해 박해시대에 많은 순교자가 묻혀있는 유서 깊은 사적지이다. 특히 구산은 순교 성인의 후손들이 대대로 살아오며 성인의 묘소와 가족묘지를 함께 보존하고 있는 곳이라는 지역적 특성이 있다. 더구나 구산은 성인의 순교 이후 거의 160년 동안 교회를 지키며 신앙생활을 확고히 지켜가는 교우촌으로 존재하였던 것이다. 그런 까닭에서인지 한국전쟁 당시에도 구산 마을은 원로 신부들의 피신처로 아주 적합한 곳이었다. 당시 피신한 원로 신부들은 낮에 무성한 갈대 숲

사이에서 숨죽이고 숨어 있다가 저녁에 나와 지친 몸을 쉬었다고 한다.

구산성지 사적지의 담장을 돌아 문을 들어서면, 잔디밭 한 가운데 성모자상이 있다. 이 성모자상은 서울대학교 미술대학 학장을 지냈던 고 김세중 화백이 조각하였다.

또한 사적지 안에는 자그마한 기와지붕에 조그만 대문이 보

구산성지 전경

이는데, 그 안에 성 김성우 안토니오 성인의 묘소와 현양비가
세워져 있다.

　구산 마을에 천주교가 언제 전파되었는지에 대한 정확한 기
원은 알 수 없다. 그러나 구산 마을이 양근지방으로 가는 뱃길
의 길목이었으며, 멀지 않은 곳에 천주교회의 진원지인 천진암
이 있다는 점, 그리고 이벽이 배알미 출신이며 정약용이 바로
강건너 조안면에 살았다는 점을 생각할 때, 일찍부터 천주교의
영향을 받았을 가능성이 높다. 그래서 구전에는 김대건 신부가
사제가 되어 귀국하자 첫 미사를 구산에서 봉헌했다고도 한다.

구산성지의 순교자 김우집

이곳 구산에서는 천주교 성인으로 시성된 김우집을 비롯하여 그의 동생 김만집과 김문집, 그의 아들 성희, 김만집의 아들 차희, 김문집의 아들 경희, 사촌 김주집의 아들 윤희, 최지현, 심칠여 등의 순교자가 묻힌 성지이다. 김우집과 김만집은 1841년에, 나머지 순교자들은 1868년에 순교하였다. 이들 순교자 중 103위 시복자 중 71번째의 성인이 된 김우집을 소개해 보자.

 김우집은 1795년, 경주 김씨 김영춘의 맏아들로 구산에서 태어났다. 그는 이름을 우집, 자를 성우 또는 치윤이라고 불렀다. 어머니는 한익교의 딸로 청주 한씨였다. 김우집이 언제 천주교에 입교하였는지는 알 수 없지만, 정하상과 유진길이 한강을 오르내리며 전교활동을 할 즈음에 입교한 것이 아닌가 한다. 그의 후손 김경식의 기록에 의하면, 김우집이 천주교인이 된 것은 1833년이라 한다. 천주교에 입교한 지 얼마 되지 않아 어머니

한씨가 돌아갔다. 이후 그는 서울로 이사하여 지금의 효제동인 느리골에서 살다가 동대문 성밖의 마장이라는 동네로 옮겨 살았다.

그러다가 김우집은 중국인 유방제 신부를 모시기 위해서 구산으로 내려왔다고 한다. 그는 구산에서 유방제 신부와 함께 마을의 문중 사람들을 교화시키면서 회장직을 수행하였다. 이 무렵 그는 첫 번째 부인을 잃었다. 『순교복자전』을 살펴보면, 그는 아내가 죽은 뒤 교우 부인에게 재취하여 장가를 들었다고 한다. 그러나 『경주김씨족보』에서는 평택 방씨부인만 나오고 있다. 방씨부인과의 사이에 1815년 아들 성희를 낳았고, 1818년에 딸을 낳았다. 이 딸은 뒷날 홍희만에게 시집갔다. 아들 성희는 1868년 병인박해 때 순교하였다.

1834년 유방제 신부의 입국에 이어 1836년 프랑스인 모방(Maubant)신부가 입국하자, 그는 자기 집에 작은 공소를 마련하여 미사를 거행하면서 모방 신부에게 우리말을 가르치는 등 전교를 도왔다. 그러던 중 1839년 1월 기해박해가 일어나면서 구산에도 그 여파가 밀려왔다. 1839년 3월 21일 구산마을의 김씨 형제가 붙잡혔다. 그들은 처음에는 약간의 돈을 주고 풀려 날수가 있었다고 한다. 그러나 그해 겨울 다시 밀고를 당하여 포졸들의 추격을 받았다. 김우집은 피신하였으나 구산에 남아있던 그의 형제와 사촌 한사람이 포졸들에게 붙잡혀 남한산성의 감옥에 투옥되었다. 또한 잠시 피신하였던 김우집도 이듬해 1840년 1월 온 가족과 함께 붙잡혀 서울의 포도청으로 압송되었다. 당시 그는 구산 공소의 주인이자, 천주학의 괴수로 지목되어 체포·압송되었다. 압송되면서도 그는 조금도 굴하지 않는 당당한 모습이었다고 한다. 김우집은 포도청에 끌려가 여러 차례 혹독한 고문을 받은 뒤 다시 형조로 이송되어 곤장과 치도

김우집의 묘

곤 30대를 맞으면서 배교를 강요받았다. 그러나 그는 배교를 강요하는 재판관에게

> "나는 천주 교인이오. 살아도 천주 교인으로 살고, 죽어도 천
> 주 교인으로 죽겠다"

고 끝까지 굽힘 없이 말하였다고 한다. 그는 끝내 배교를 거부하고 감옥 안에서도 천주의 복음을 전하였다. 함께 수용되었던 잡범들도 그의 가르침에 교화되어 두 명이 천주교에 입교하였다고 한다. 1841년 윤3월 8일 그는 다시 재판관 앞에 끌려가

배교를 강요당하면서 치도곤 60대를 맞았다. 그러나 그의 신앙심은 변함없었다. 아무리해도 그의 마음을 되돌릴 수 없었던 재판관은 다음날 밤 옥중에서 교수형에 처하였다. 그의 나이가 47세였고, 감옥에 갇힌 지 15개월만에 결국 순교하였다. 그의 유해는 후손들에 의해 비밀리에 거두어져 지금의 구산 가족묘지에 안장되었다.

구산마을 최초의 순교자 김우집은 이러한 굳센 신앙심으로 1925년 로마 교황청의 시복 조사를 거쳐 '한국 79복자' 가운데 한 사람으로 올랐다. 1925년 7월 25일 교황 비오 11세의 집전으로 로마의 베드로 성당에서 시복자가 되었다. 구산의 가족묘지에 안장된 그의 묘는 1927년 5월 30일 원(元) 안드레아노 부주교의 지휘 아래 발굴되어 용산 신학교를 거쳐 명동대성당 지하실 '순교자 유해 안치소 '에 봉안되었다가 다시 구산성지에 묻히게 되었다. 발굴 당시의 기록에 의하면, 봉분을 파헤치자 광중 위에 숯가루로 '학생경주김공지묘(學生慶州金公之墓)' 라고 쓴 글자가 선명히 드러났다고 한다. 지금 구산성지에 있는 그의 묘소와 묘비는 1977년 구산성당의 신자들과 그의 후손들에 의해 다시금 정결하게 다듬어지고 세워진 것이다. 비문은 발굴 당시에 참가했던 오기선 신부가 짓고, 글씨는 그의 후손의 손부 이성숙이 쓴 것이다.

복자(福者) 로마 가톨릭에서 목숨을 바쳐 신앙을 지켰거나 생전에 뛰어난 덕행으로 영원한 생명을 얻었다고 믿어져 공식적으로 신자들의 공경의 대상이 된 사람, 즉 공경할 만한 성도「可敬者」에게 붙이는 존칭.

시복자 복자로 추대하는 것을 시복, 성인으로 추대하는 것을 시성이라고 하는데, 가톨릭에서 순교를 하였거나 특별히 덕행이 뛰어났던 사람들이 죽은 후에 복자(福者) · 성인(聖人 혹은 성녀)으로 추대하는 것을 말한다.

금석문이란?

왕릉이나 사적지 혹은 사찰 등을 답사할 때면 우리는 흔히 돌에 글을 새겨놓은 비문을 만날 수 있다. 이들을 금석문 (金石文)이라고 하며, 비문을 연구하고 학술적 가치를 탐구하는 것을 금석학이라고 부른다. 금석문은 금문(金文)과 석문(石文)을 합친 말로서 금문은 청동의 제기와 같은 것에 문장이나 그림을 새겨 넣은 것을 말하고, 석문은 돌에 글을 새겨 넣은 것을 말한다. 일반적으로 금문은 중국에서 발달하였고, 석문은 우리나라에서 발달하였다.

이러한 금석문은 세워질 당시의 사람들에 의해 직접 제작된 것이기 때문에 가장 정확한 역사적 자료로서의 가치가 있다. 예를 들면 고구려 광개토왕의 경우, 왕위에 오른 연대가 그의 비문에는 391년으로 되어있고, 고대의 역사 책인 『삼국사기』에는 392년으로 각각 기록되어 있어 약 1년의 오차가 발생했다. 이런 경우 역사가들은 광개토왕의 비문에 기록되어 있는 391년이

당대에 기록된 것이기 때문에 더욱 정확한 자료라고 판단한다. 바로 이러한 점에서 금석문의 가치가 있는 것이다.

금석문에는 다양한 종류가 있다. 죽은 사람의 행적을 기록한 묘비에는 탑비와 신도비가 있다. 이들을 묘도문자(墓道文字)라고도 한다. 탑비는 주로 고려시대에 많이 세워졌고, 신도비는 조선시대에 유행하였다. 고려시대에는 학덕이 높은 승려가 죽으면 국왕이 그에게 시호를 내리고 동시에 석탑을 세워서 유골을 안치하게 하였다. 이 탑에 대해서도 나라에서 명칭을 내린다. 신라의 봉암사(鳳巖寺) 정진대사탑비(靜眞大師塔碑)의 예를 보면 정진은 시호이고, 탑은 원오탑(圓悟塔)이라고 탑의 이름을 내린 것이다. 이들 탑비는 대개가 국왕의 명령에 의하여 세웠기 때문에 문장과 글씨체 및 비문의 재료 등이 모두 당대 최고 수준의 작가에 의하여 이루어졌다. 승려들의 탑비는 이렇게 호화롭게 세워졌는데도 당시의 귀족이나 고급관료의 무덤에는 신도비를 세우지 않고 무덤 속에 묻어 두는 묘지만을 사용하였다.

또한 역사적인 사건이나 특수한 사실을 기록한 비문을 사적비(事蹟碑)라고 한다. 사적비에는 다양한 종류의 비가 있는데, 먼저 전쟁의 공적을 기념하기 위하여 세운 비석은 전적비라고 한다. 예를 들면 조선 태조가 임금이 되기 전 전라도 운봉에서 왜구를 소탕하고 왜장 아지발도(阿只拔都)를 죽인 곳에 세운 황산대첩비(荒山大捷碑), 임진왜란 때의 전승을 기념하기 위하여 세운 해남의 명량대첩비(鳴梁大捷碑), 여수의 좌수영대첩비(左水營大捷碑), 권율(權慄)의 전적지인 행주의 행주전승비(幸州戰勝碑) 등이 이에 속한다.

이외에 사찰에 대하여 기록한 것은 사적비(寺跡碑)라 하며, 향교·서원을 설립했거나 중수한 사실을 기록한 것을 묘정비(廟庭碑)라 한다. 하남의 사충서원에 있는 묘정비가 바로 이에 속한

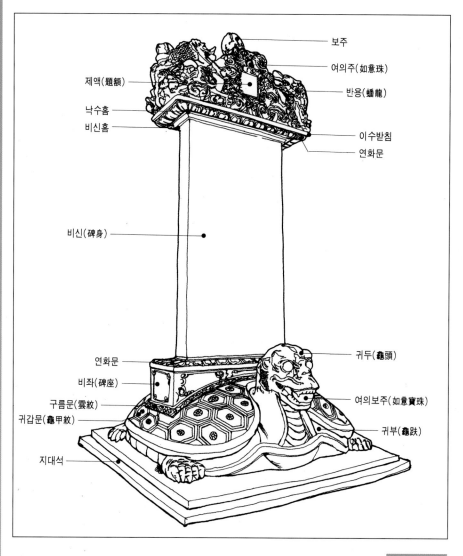

보주
여의주(如意珠)
반용(蟠龍)
제액(題額)
낙수홈
비신홈
이수받침
연화문
비신(碑身)
연화문
귀두(龜頭)
비좌(碑座)
구름문(雲紋)
여의보주(如意寶珠)
귀갑문(龜甲紋)
귀부(龜趺)
지대석

비석 도면

다. 또한 성이나 제방을 축조했거나 다리를 놓은 사실들을 기록한 것도 그 수가 적지 않으며, 명인이 탄생했거나 거주했던 곳에는 구기비(舊基碑)・유허비(遺墟碑), 또는 기적비 등의 명칭으로 표석을 세워서 기념한다. 서울시 관악구에 있는 강감찬 구기비나 하남의 유진오 생가터 유허비 등이 그 예이다. 또 지방의 관찰사나 부·군·현의 장관인 부사·부윤·군수·현령·현감 등에 대하여는 그가 떠난 뒤에 지방 백성들이 돈을 모아서 그의 공적을 칭찬하는 비를 거리에 세우기도 한다. 이들은 돌로 세우는 것이 보통이나 철을 이용하기도 하며, 선정비·송덕비·거사비(去思碑)·거사불망비(去思不忘碑) 등으로 부른다. 하남에는 감북동사무소 앞에 암행어사 이건창 영세불망비가 있다. 이들 이외에 부모에게 효도를 하였을 경우에 세우는 효자비, 남편이 죽은 후 정조를 지키거나 병든 남편을 위해 자신을 희생하는 경우에 세우는 열녀비도 있다.

비를 세우기 시작한 초기에는 자연석을 이용하였고 특별한 장식을 하지 않았다. 예를 들면 광개토왕비나 사택지적비와 같이 자연석 하나를 그대로 비문으로 이용하고 있는 것이 그 예이다. 그러나 신라가 삼국을 통일한 이후에는 중국 비석의 영향을 받아 자연석의 위와 아래에 장식을 하기 시작하였다. 비의 몸돌 위에 용이 서로 얽혀있는 모양을 한 덮개인 이수(螭首)와 몸돌 아래 부분에 비를 받치고 있는 거북 모양의 받침돌인 귀부(龜趺)가 그것이다. 이들 이수와 귀부의 사이에 있는 돌을 몸돌이라고 한다. 몸돌에 주인공에 관한 글이 새겨지는 것이다. 그리고 이수 위에 둥근 모양의 보개가 놓여 있는데 이를 상륜부라고 하며, 귀부를 받치고 있는 네모난 기단을 지대석이라고 한다. 또한 비신의 꼭대기 앞 부분에서부터 옆면과 뒷면에 걸쳐 전자(篆字)로 새긴 글을 두전(頭篆)이라고 한다.

고려시대에 오면 귀부의 머리 모양이 용의 머리로 바뀌기도 하였으며, 이수의 용 문양도 일반적이기는 하지만 반드시 용의 그림만이 그려진 것은 아니다. 또한 일반 사적비 중에는 이수와 귀부가 조각되지 않은 것도 있다. 조선시대의 신도비는 이수가 비신을 덮은 형태가 아니고 비신 위에 그대로 용의 문양을 돋을 새김으로 처리한 통비도 있다. 원각사비나 영릉신도비에서 확인할 수 있다. 뿐만 아니라 조선중기 이후로 오면 귀부와 이수 대신에 주춧돌 모양의 기단과 지붕 모양의 간단한 덮개를 씌운 신도비가 일반적이었다.

신도비

신도비란 죽은 사람의 평생 행적을 기록하여 묘 앞에 세운 비를 말한다. 이러한 제도는 중국의 진송(晉宋, 5세기초) 때 비롯되어 천자와 제후들이 모두 신도비를 세웠다. 일반적으로 신도비의 위치는 동남쪽 방향이 '신이 다니는 길', 즉 신도(神道)에 해당하기 때문에 대개 묘의 동남쪽 방향에 세웠다.

우리나라에서 신도비가 제일 먼저 나타난 시기는 통일신라 시대로 거슬러 올라간다. 즉 삼국의 통일대업을 이룩한 태종무열왕릉에서 그의 신도비가 발견되었다. 그러나 불행하게도 이수와 귀부만이 남아 있을 뿐이며 몸돌은 없어져서 그 상세한 내용을 알 수가 없다.

한편 고려는 불교를 숭상하였기 때문에 탑비를 많이 세웠다. 그러나 조선은 건국의 주체세력이 유학자였으며, 고려에 비하여 불교를 억제하는 정책을 써왔기 때문에 고려시대에 비해 탑비가 질과 양에 있어서 비교가 되지 않을 정도로 적다. 그 반면 조선은 유학을 숭상함에 따라 선조와 부모에 대한 효성의 하나로 분묘를 화려하게 축조하고, 석물을 갖추고 비석을 신분에 맞게 세우는 일이 성행하였다. 그리하여 고려시대에 없던 국왕의 신도비가 처음으로 세워지기 시작하였다. 조선을 건국한 태조 이성계의 신도비가 건원릉 앞에 있고, 영릉 앞에 세워졌던 세종의 신도비가 그 대표적인 예이다. 이러한 국왕의 신도비 건립은 세종 때에 이르러

"국왕의 사적은 국사에서 상세히 기술되므로 신도비를 세울 필요가 없다."

는 의논이 일어나 이후부터는 왕릉에 신도비를 세우지 않고 묘표만을 세웠다.

그러나 국왕 이외에 일반 사대부들은 오히려 활발하게 신도비를 세웠다. 이들 사대부 중에 오늘날 장관급에 해당하는 정2품 이상의 국가 관직을 지낸 자로서 뚜렷한 업적이 있거나 학문이 뛰어나 후세의 본보기가 될 만한 사람에 한하여 신도비를 세우도록 하였다. 당대에 가장 명망이 있고 문장에 능한 사람으로부터 글을 받고 가장 유명한 서가(書家)로부터 글씨를 얻어서 비를 세우는 것이 효자로서의 도리를 다하는 것으로 생각하여 왔다. 그리하여 후대로 올수록 너도나도 조상을 기리고자 신도비를 세우게 되면서 우리나라 사대부의 신도비는 그 수가 헤아릴 수 없이 많다.

조선시대의 여러 문집을 보면, 신도비·묘갈·묘지·행장

세종대왕 신도비

세종의 신도비 세종의 영릉신도비는 현재 서울시 동대문구 세종대왕기념관으로 옮겨져 보관하고 있다.

정척신도비(좌)

유홍신도비(우)

등의 목록을 많이 볼 수 있다. 행장은 묘비를 짓기 위한 기본자료가 된다. 이러한 것들은 곧 그 무덤 주인의 일생을 기록한 것이다. 그러나 비문을 청탁하는 사람이나 지어주는 사람은 모두 비문 주인공의 인격·학식·업적을 과장하고 미화하여 세상에서 받았던 비난이나 인격적 결함 같은 것은 비호·변명하거나 아니면 묵살해 버리는 것이 보통이어서 '귀신에게 아첨하는 글'이라고도 하였다. 그리하여 간혹 이런 비난을 듣기 싫어서 죽기 전에 자신의 비문을 지어 두었다가 그대로 세우는 사람도 있었다. 이 기록이 죽은 사람의 일생을 알 수 있는 자료로서 가장 정확함은 인정할 수 있으나, 그 서술하는 내용이 공정성이 없으므로 이를 그대로 인정하기에는 문제가 있다.

신도비 비문의 글자는 대부분 한문으로 작성되어 있다. 일부에서 이두문을 함께 쓴 흔적이 나타나고는 있으나 그 예가 드물

다. 또한 한글로 된 신도비는 서울특별시 성북구 하계동에 있는 이찬의 묘비가 있다. 이를 한글고비라고도 부르는데 "이 비는 신령한 비이므로 함부로 훼손하는 사람은 벌을 받을 것이다"라는 내용이 기록되어 있다. 이것은 무식한 사람들이 비문을 훼손하지 못하도록 경고문의 성격으로 써 놓은 것이다. 이외에 외국의 문자와 함께 기록된 비도 있다. 서울특별시 송파구에 있는 청태종공덕비가 그것이다. 이 비는 병자호란 당시 청나라에 항복하면서 세운 비이다. 한자와 만주어 · 몽고어의 세 가지 문자를 동시에 새겨 넣은 것으로 3개국의 문자가 들어 있는 유일한 것이다.

　신도비의 형태는 시대에 따라 뚜렷하게 구별할 수는 없다. 다만 처음에는 이수와 귀부를 모두 갖춘 화려한 신도비가 유행하다가 조선시대 후기로 올수록 화려함보다는 소박한 형태의 기

밀성군신도비 (좌)

온산군신도비 이수부분 (우)

덕평군신도비 (좌)
온산군신도비 (우)

단과 덮개만을 갖춘 형태가 많아졌다. 하남시에는 다양한 형태의 신도비가 남아있다. 이를 유형별로 살펴보면 다음과 같다.

먼저 이수와 귀부를 모두 갖추고 있는 신도비로는 덕평군신도비가 유일하다. 덕평군신도비는 그의 묘에서 서쪽으로 약 5m가량 아래쪽에 있다. 비문의 기록에 의하면 이 신도비는 1540년(중종 35)에 세워졌고, 돌의 재료는 화강암이다. 신도비의 이수는 두 마리의 용이 서로 여의주를 물고 맞대어 있는 전형적인 모습으로 금방이라도 꿈틀거리며 움직일 것 같이 생동감있게 조각되어 있다. 거북이 모양의 귀부는 세월이 흘러 마모된 부분이 많으나 목의 주름진 모양이나 굳게 다문 입 등은 선명하게 그 모습이 남아 있다.

다음으로 귀부가 없이 네모난 받침돌 위에 몸돌과 이수만이 남아있는 신도비가 있다. 고성군신도비 · 운산군신도비 · 정척 신도비 등이 대표적인 형태라고 할 수 있다. 고성군신도비는 이 수 부분에 조각되어 있는 용 모양이 잘 보존되어 있으며, 아랫 부분의 기단은 아무런 무늬가 없다. 초이동에 있는 운산군신도 비는 1518년(중종 13)에 세워진 것이며, 이수는 용 두 마리가 하 늘로 올라가는 형상으로 선명하게 남아있다. 그리고 몸돌을 받 치고 있는 받침돌은 윗부분이 둥근 형태로 모가 나지 않았으며, 일부가 흙 속에 묻혀 있으나 중간에 띠를 두르고 사이사이에 무 늬를 집어 넣었다. 그러나 정척신도비의 이수는 윗 부분이 많이 파손되어 있는데 용 문양이 아닌 것이 특징이다.

이외에는 대부분이 이수와 귀부를 갖추지 않고 아랫 부분에 는 네모난 받침돌이 있고, 이수 부분은 몸돌을 덮고 있는 지붕 모양의 형태들이다. 임열신도비 · 김정경신도비 · 유홍신도 비 · 밀성군신도비 · 민응협신도비 등이 모두 같은 형태이다.

한편 하남시에 있는 묘비 가운데 특이한 형태가 하나 있다. 초이동에 있는 박강의 묘비가 그것이다. 이 비는 몸돌과 이를 덮고 있는 지붕돌이 하나의 돌로 연결되어 있으나 지붕돌의 형 태는 반달 모양으로 윗 부분이 둥글게 처리되어 있고, 그 윗부 분에 상륜부의 형태를 갖추고 있다. 받침돌에는 윗 부분에 연꽃 문양이 돋을 새김으로 새겨져 있다.

묘 갈

묘갈은 묘소 앞에 세우는 비석으로 묘비와 같은 의미를 가지고 있다. 신도비가 정2품 이상의 높은 벼슬을 한 사람이 세우는 것인데 반해 묘갈은 5품 이하의 하급관리를 지낸 사람들이 주로 세웠다. 묘갈의 특징은 죽은 사람의 이름과 함께 좋은 평판을 후세에 남기고자 하는 것이 그 목적이다. 따라서 죽은 사람의 긍정적인 면만이 강조되어 있다.

오늘날에도 호화분묘를 만들어 놓고 앞에 거대한 묘갈을 세우는 사람들을 종종 발견할 수 있다. 이것은 과거 소박하면서도 부모의 행적을 기리기 위해 세웠던 묘갈과는 근본적으로 접근 방법이 다른 것이다. 마치 자신의 사회적인 지위나 경제적 부를 과시하기 위한 행위로도 보일 수 있다. 다른 사람의 이목을 끌기 위해 화려하게 묘를 치장하는 것이 반드시 후손에게 좋은 것도 아니며, 그것 자체가 효의 척도를 잴 수 있는 것도 아님을 우리는 알아야 할 것이다.

이준도 묘갈 (좌)

통진현부인 안씨 묘갈 (우)

하남시에는 덕풍동에 있는 이준도묘갈, 초이동에 있는 통진현부인 안씨묘갈, 성경온묘갈, 이당의 부인 인화이씨묘갈 등 4개의 묘갈이 남아있다. 이 가운데 이준도의 묘갈과 성경온의 묘갈은 신도비와 비슷한 크기이며, 모두가 용 문양은 아니지만 이수의 형태를 갖추고 있다. 이준도 묘갈의 이수 부분은 구름모양의 문양이, 성경온묘갈은 두 마리의 새가 마주보고 있는 형상이 조각되어 있다. 또한 성경온묘갈의 비좌는 연꽃무늬가 돋을 새김으로, 사각형의 형태가 음각으로 새겨져 있다. 이준도는 왕실의 후예로서 과거에 급제하여 창성부사를 지냈던 인물이고, 성경온은 공조정랑을 지냈던 인물이다.

그러나 이들의 묘갈과는 달리 덕풍동에 있는 이당의 부인인 인화이씨의 묘갈은 평범한 형태를 보이고 있다. 이수의 형태도 없으며, 단지 몸돌과 받침돌만이 남아 있고, 받침돌에도 어떠한

이당의 부인 인화이씨 묘갈
광주이씨 묘역

문양이 없다. 흔히 묘 앞에 서있는 서민들의 비문 형태 그대로
이다. 결국 서민들의 삶을 기록하고 있는 묘갈도 그 지위에 따
라 약간씩의 차이를 보이고 있음을 발견할 수 있다.

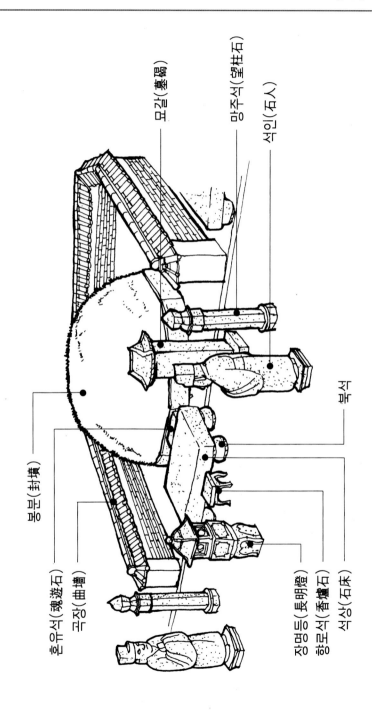

묘갈(墓碣)

망주석(望柱石)

석인(石人)

봉분(封墳)

혼유석(魂遊石)

곡장(曲墻)

묵석

장명등(長明燈)

향로석(香爐石)

석상(石床)

조선시대 사대부가의 묘역

213

묘정비

묘정비는 향교나 서원을 설립했거나 혹은 낡은 부분을 고쳤을 경우에 그 사실을 기록하여 세운 비이다. 그리하여 향교나 서원의 역사를 사실적으로 확인할 수 있는 귀중한 자료이기도 하다. 하남시에는 사충서원의 묘정비가 남아있다. 하남시 상산곡동에 위치한 사충서원에 가면 서원의 오른쪽에 약 2.5m 가량의 아담한 비가 하나 서 있다. 이 비가 사충서원을 세우게 된 과정과 역사를 기록해 놓은 사충서원 묘정비로서 조선 후기 1786년(정조 10)에 세웠다.

지금은 세월이 많이 흘러 여러 부분이 마모되고 떨어져 나갔다. 특히 문자가 새겨져 있는 몸돌 위에 놓여 있는 지붕돌과 받침돌은 1968년 이후에 만들어진 것이다. 몸돌에 씌어진 글은 홍문관 대제학을 지낸 오재순이 지었으며, 글을 직접 쓴 사람은 좌의정을 지낸 홍낙성의 솜씨이다.

묘정비의 내용은 정조가 할아버지 영조의 묘인 원릉에 다녀

오는 길에 사충서원에 대한 자신의 감정을 이야기한 것에서부터 출발한다. 사충서원에 모셔져 있는 4명의 충신은 바로 영조 때 노론의 4대신인 김창집(金昌集)·이이명(李頤命)·이건명(李健命)·조태채(趙泰采) 4사람을 가르킨다. 이들은 숙종의 뒤를 이은 경종이 왕위에 올랐을 때 그의 이복동생인 연잉군(후의 영조)을 세제로 책봉하고 나아가 대리청정을 주장하다가 소론의 반대에 부딪쳐 뜻을 이루지 못하고 역적이라는 죄명으로 죽음을 맞이하였다. 그러나 경종이 왕위에 오른 지 4년만에 죽고 영조가 즉위하자 이들 노론의 4대신은 다시 충신이 되었다. 이와 같이 영조에 대한 충성을 아끼지 않은 4명의 충신들을 그리워하며 그들의 행동이 정당했던 것임을 다시한번 대내외에 알리는 내용으로 비문을 기록하였다.

비문의 왼쪽면에는 서울의 한강 하류인 노량진에 있던 서원을 철도가 새로 건설되면서 훼손될 우려가 있자 1928년 한강 상류의 보광리로 옮긴다는 내용으로 민영휘가 추가하여 기록하였다. 그리고 비문의 오른쪽에는 한국전쟁 이후에 서원건물이 포탄으로 파괴되고 소실되어 1968년 현 위치인 상산곡리로 옮겨 새로 중건한 과정을 김창집의 10대 후손인 김순동이 기록하였다.

사충서원 앞·뒷면

영세불망비

흔히 암행어사 하면 사람들은 박문수를 떠올린다. 그러나 그에 못지 않게 경기도에서는 이건창이 알려져 있다. 하남시 감북동사무소앞에는 암행어사 이건창의 영세불망비(영원 세세토록 잊지말자는 비석)가 세워져 있는데 광서9년 계미 4월에 서부면에서 세운 것으로 되어 있다. 광서 9년 계미이면 1883년 고종 20년이다. 이건창이 경기도 암행어사로 나간 것이 1880 년(고종 17)이니까 아마 이때 하남시 감북동에 왔었던 것 같다.

이건창은 경기도 암행어사로 나가서 관리들의 비행을 파헤치는가 하면 흉년을 당한 농민들을 일일이 찾아다니면서 식량 문제 등 구휼에 힘썼다고 한다. 어려운 백성들에게 세금을 감면하여 주기도 하여 백성들로부터 환심을 얻어 그 영세불망비가 경기도 각처에 세워졌다. 그중의 하나가 하남시 감북동사무소 앞에 세워져 있는 것이다.

남한산성에 있는
영세불망비

이건창 영세불망비

인물과 전설 **4**

신돈에게 미움받은 둔촌 이집(李集)

1327년(충숙와 14)~1387년(우왕13)

신돈(辛旽) 본관 영산. 속성은 신(辛). 돈(旽)은 퇴속하여 고친 이름이다. 계성현 옥천사 사비(寺婢)의 아들로 태어났다. 공민왕(恭愍王)으로부터 신임을 받고 사부(師傅)로서 국정을 맡았다. 전민변정도감(田民辨整都監)이라는 토지개혁 관청을 두어 부호들이 권세로 빼앗은 토지를 각 소유자에게 돌려주고, 노비로서 자유민이 되려는 자들을 해방시켰으며, 국가재정을 잘 관리하여 민심을 얻었다. 그러나 급진적 개혁은 권문세족의 반감을 샀고, 결국 공민왕은 신돈을 반역의 혐의로 처형하였다. 신돈은 농민의 지지를 받았지만 자신의 정치세력 형성에 실패한 탓에 개혁은 실패하고 자신도 요승으로 낙인찍히고 말았던 것이다.

이집은 고려말의 학자이자 문인으로 본관은 광주이다. 원래 이름은 원령이고, 자는 호연, 호는 둔촌(遁村)이다. 광주의 향리로 국자감 생원이었던 이당의 아들이다. 공민왕 때 과거에 급제했다고 전해지며, 판전교시사를 지냈다. 문장을 잘 짓고 지조가 굳기로 명성이 높았다. 개성에 거주하고 있을 때 신돈의 문객이었던 채가라는 사람과 한 마을에 살았는데, 신돈을 미워한 이집은 여러 사람이 보는 앞에서 채가를 배척하였다. 이 사건으로 신돈의 미움을 받아 그는 아버지를 등에 업고 가족과 함께 영천에 있는 최원도의 집으로 피하여 겨우 죽음을 면하였다.

신돈이 죽자 개성으로 돌아와, 이름과 자·호를 한꺼번에 고쳐 이름을 집(集), 자를 호연, 호를 둔촌이라 하였다. 여주 천령현(여주군 금사면 이포)에 묻혀 살면서 독서로 세월을 보냈다. 고려말 삼은으로 유명한 이색, 정몽주, 이숭인 등과 교류하였고 학문에

국자감(國子監)

　국자감은 고려시대 중앙의 최고 교육기관이다. 607년 중국 수나라에서 창시되었고, 고려에서는 태조 이후의 교육기관이었던 경학(京學)을 992년(성종 11)에 국자감으로 개칭하여 설치하였다. 1275년(충렬왕1)에는 국학, 1298년에는 성균감(成均監), 1308년(충선왕 즉위년)에는 성균관, 1356년(공민왕 5)에는 다시 국자감, 1362년에는 또 다시 성균관으로 고쳐 조선으로 계승되었다.

　국자감은 관리의 수요가 늘어남에 따라 관리 양성기관의 기능도 가지게 되었는데, 여기에 국자학(國子學)·태학(太學)·사문학(四門學) 등 유학 전공의 3학과, 율학(律學)·서학(書學)·산학(算學) 등 실무적 기술을 습득하는 3학을 두어 이들을 경사육학(京師六學)이라 하였다.

　국자감의 정원은 국자·태학·사문학이 각각 300명으로 모두 900명이었고, 율학 등 3학은 미상이며, 각 학과마다 박사·조교가 교수하였다.

　수학 내용은 국자학·태학·사문학이 모두 동일하여 효경(孝經)·논어(論語)를 공통 필수과목으로 하고, 주역(周易)·상서(尚書)·주례(周禮)·예기(禮記)·모시(毛詩)·춘추좌씨전(春秋左氏傳)·공양전(公羊傳)·곡량전(穀梁傳) 등은 전공교과로 하였다. 수학 연한은 국자감시에 응시하는 데 필요한 6년과 국자감시에 합격한 이후 3년이 지나야 최종시험인 예부시(禮部試)에 응시할 수 있어 9년이 소요되었으며, 율학·서학·산학은 6년이 소요되었다.

광주이씨 묘역

명성이 높았다.

1669년에 건립된 구암서원에 제향되었으며, 저서로는 『둔촌유고(遁村遺稿)』가 있다. 아들로 이지직·이지강·이지유 3형제가 있었는데, 모두 과거에 합격하여 높은 벼슬을 지냈다. 그후 대부분의 손자들도 과거에 합격하여 광주 이씨를 조선전기 최고의 벌족으로 만들었다.

효자 정성근(鄭誠謹)
1446년(세종 28)~1504년(연산군 10)

정성근의 본관은 진주이고, 자는 이신이다. 대제학 정척의 아들이며 김종직의 문인으로 1474년 문과에 급제하고, 관직에 나간 후 홍문관에서 관리로 재직하였다.

1487년에는 대마도에 사신으로 파견되었는데 지나는 길에 '매림사' 라는 절이 있었다. 여러 사람이 청하기를

"배 안에서 오랫동안 답답하게 지냈으니 외국의 절이지 만 한번 가보지 않겠느냐"

고 하니 정성근이

"가고 싶으면 너희들이나 가라. 법당을 쓸고 향을 피우며, 뜰에는 귤나무와 치자나무를 심어 놓았을 것이니 우리나 라 절과 무엇이 다르겠는가"

갑자사화(甲子士禍) 1504년(연산군 10) 연산군의 어머니 폐비 윤씨의 복위문제에 얽혀서 일어난 사화이다. 성종의 비 윤씨는 질투가 심하여 왕비의 체모에 어긋난 행동을 많이 하였다는 이유로 1479년(성종 10) 폐출되었다가 1480년 사사(賜死)되었다. 윤씨가 폐출 사사된 것은 윤씨 자신의 잘못도 있었지만, 성종의 총애를 받던 엄숙의·정숙의, 그리고 성종의 어머니인 인수대비가 합심하여 윤씨를 배척한 것도 하나의 이유이다.

한편 연산군의 사치와 낭비로 국고가 바닥이 나자 그는 공신들의 재산 일부를 몰수하려 하였는데, 이때 임사홍은 연산군을 사주하여 공신배척의 음모를 꾸몄다. 이런 때에 폐비 윤씨의 생모 신씨가 폐비의 폐출·사사의 경위를 임사홍에게 알렸고 임사홍은 이를 다시 연산군에게 밀고하여 일이 크게 벌어졌다. 연산군은 이 기회에 어머니 윤씨의 원한을 푸는 동시에 공신들을 탄압할 결심을 한 것이다. 이 일로 인해 엄·정 숙의는 물론 성종이 윤씨를 폐출하고자 할 때 이에 찬성한 윤필상·이극균·성준·이세좌·권주·김굉필·이주 등을 사형에 처하고, 이미 고인이 된 한치형·한명회·정창손·어세겸·심회·이파·정여창·남효온 등의 명신거유(名臣巨儒) 등을 부관참시(剖棺斬屍)하였으며, 그들의 가족과 제자들까지도 처벌한 사건이다.

라고 하고는 가지 않았다. 대마도주의 집에 이르렀을 때 도주가 문밖에 나와서 왕명을 받아야 하는데 나오기를 꺼려 하였다. 정성근은 두 번 세 번 나오기를 독촉하여 결국 의식대로 치루고야 말았다. 일을 마치고 나서 연회를 베풀 때 도주가 일행들에게 부채, 칼, 후추, 편향 등을 선물로 나누어 주었는데 정성근이 떠나올 때 모두 거두어 되돌려 주었다. 도주가 특별히 사람을 보내어 그 물건을 가지고 와서 받기를 청하였다. 임금이 그 청을 승인하였지만 정성근이 아뢰기를

"신이 그곳에 가서는 받지 않다가 여기서 받으면 앞뒤 마음이 다르게 되니 청컨대 받지 않겠습니다"

하였다. 임금도 어쩌지 못하고 물건을 되돌려 주었다.

그후 해주목사로 있을 때에 부정이 있다하여 파직 당했다가 다시 기용되어 우부승지·좌부승지를 지냈다. 청백리에 추천되고 성종의 국상 때에는 3년간 수묘관으로 있었다. 1504년 갑자사화에 연루되어 처형되었으나 중종반정 후에 신원되었다.

천성이 지극히 효성스러워서 부모가 돌아가시자 하남시 초일동에 합장하고 여막을 지어 3년상을 마쳤다. 벼슬하는 동안 아무리 일이 바쁘더라도 매달 초하루와 보름날이면 반드시 묘소에 참배하고 제사 받드는 것을 여막에 있을 때와 같이 하여 죽을 때까지 게을리 하지 않았다. 정성근이 죽었을 때 그의 아들 정주신도 슬퍼하여 음식을 먹지 않고 굶어 죽었다. 주신의 아우 매신, 매신의 아들 원린·원기, 원린의 아들 효성이 모두 효자로 소문나 정문을 세워 표창하였다. 향리에는 그의 효성을 기리기 위해 효자문을 세웠고, 구암서원에 제향되었다. 시호는 충절공이다.

성경온의 처 열녀 이씨

이씨는 공조정랑이었던 성경온의 아내이다. 성경온의 자는 사아(士雅)이며, 본관은 창녕으로 영의정 성준의 아들이다. 1483년 사마시에 합격한 후, 1503년 별시문과 병과에 급제하여 공조정랑에 이르렀다. 그러나 아버지 성준이 윤씨의 폐위를 찬성하는 상소를 올렸기 때문에 갑자사화 때 직산에 유배되어 교살되었다. 이로 인하여 그는 형 성중온과 함께 섬으로 유배되었다. 연산군이 아버지를 용서해주지 않고 죄를 그에게 씌우려고 하자 독약을 마시고 자살하였는데 그의 나이 44세였다. 성경온이 죽자 부인 이씨는 장례에 모든 예를 다하였다. 묘옆에 여막을 짓고 살며 3년상을 마쳤는데도 평생을 흰 옷을 입고 지냈다 한다. 중종 때 열녀문이 세워졌다

사마시 조선시대 양반사회에서 가장 중요시된 문관 채용시험은 소과(小科) 대과(大科)의 두 단계로 나뉘었다. 소과는 생진과(生進科)또는 '사마시(司馬試)'라고도 하는데, 생진과에는 4서 5경으로써 시험보는 생원과(生員科)와 시(時)·부(賦)·표(表)·책(策) 등 문장으로 시험하는 진사과(進士科)가 있다. 양반 자제들은 초시·복시에 모두 합격하면 과에 따라서 생원 또는 진사라고 불렸다. 생원·진사는 성균관에 입학하거나 대과에 응시할 자격을 부여받았는데, 대과에서도 초시·복시를 통해 합격하면 전시(殿試)에서 그 등급이 결정되었다. 생진과에서는 200명, 대과에서는 33명이

광해군과 맞선 임숙영(任叔英)

1576년(선조 9)~1623년(인조 1)

임숙영의 본관은 풍천이며, 자는 무숙이고, 호는 소암이다. 한성부 판윤 임열의 증손이다. 어려서부터 총명하여 10세에 시를 지었다고 하며 기억력이 뛰어나 한번 읽은 책은 잊지 않았고, 생원·진사시의 방목을 한번 훑어보고 외웠다고 한다. 그는 시를 잘 지었는데 중국 학자가 그가 지은 통군정서(統軍亭序)를 보고 천년 이래의 절조가 다시 해외에서 나왔다고 할 정도로 칭찬했다 한다. 이규보의 300운을 흠모한 나머지 율시 600운을 지었는데 사람들이 모두 탄복하였다고 한다.

임진왜란 때 부모를 잃고 고아가 되어 이곳 저곳을 돌아다녔지만 학문하는데 게으름이 없었다. 1601년에 진사가 되고, 성균관에서 10년 동안 수학하였다. 1611년 별시문과 시험장에서 주어진 시험문제를 쓰지 않고 척족의 횡포와 이이첨을 심하게 비난하는 글을 썼다. 이를 시험관 심희수가 장원으로 발탁하려다가 동료들의 만류로 병과로 급제시켰는데, 광해군이 이 글을 보고 크게 노하여 이름을 삭제하도록 하였다. 이 일로 인하여 몇 달 간 논란하다가 이덕형·이항복 등의 주장으로 무마되어 급제되었다. 그러나 이 일로 인하여 그를 뽑은 심희수는 벼슬을 그만두었다.

그러나 결국 당시 집권층에 대한 거침없는 비판으로 인해 이이첨 세력은 그를 삭탈관직하고 외지로 쫓아냈다. 그는 광주의 용진에 은거하면서 오두막집에서 넉넉치 못한 생활을 하였지만 남에게서 지푸라기 하나도 취하지 않았다. 마침 대궐의 영건으로 재정이 크게 모자라 속방과(贖放科)를 시행하자 친구 한 사람이 임숙영을 구출하려고 모금하여 속(贖)을 바치고자 했다. 그러나 임숙영은 이를 허락하지 않았고 오히려 편지를 써서 심하게 나무랐다. 1623년 인조반정으로 광해군이 축출되자 다시 관계에 나아가 예문관 검열로서 사관을 겸직하게 되었다. 이후 홍문관 정자·박사·부수찬·경연검토관 등을 역임하고, 지제교 겸 춘추관 기주관이 되었다. 저서에는 『소암집(疏菴集)』이 있다. 묘는 하남시 초이동에 위치하고 있으며 구암서원에 둔촌 이집과 함께 제향되었다

인조반정(仁祖反正) 1623년(인조 1) 서인 일파가 광해군 및 대북파를 몰아내고 능양군(인조)을 왕으로 옹립한 사건이다. 선조의 뒤를 이어 왕위에 오른 광해군은 당론(黨論)의 폐해를 통감하고 이를 초월하여 좋은 정치를 해보려고 애썼으나, 자신이 대북파의 도움을 받아 왕위에 올랐기 때문에 당론을 초월할 수 없었다. 처음에는 이원익·이항복·이덕형 등 명망 높은 인사를 조정의 요직에 앉혀 어진 정치를 행하려 하였으나, 이이첨·정인홍·등 대북파의 무고로 친형 임해군과 이복동생 영창대군을 죽였으며, 또 계모인 인목대비를 유폐하는 패륜을 자행하였다. 이와 같은 광해군의 실정(失政)이 계속되자 서인 이귀·김자점·김류·이괄 등이 반정을 모의하여 능양군을 왕으로 옹립하였다. 이 사건으로 대북파 이이첨·정인홍·이위경 등 수십명은 참수되었으며, 추종자 200여 명은 유배되었다. 반정에 공을 세운 이귀·김류 등 33명은 3등으로 나누어 정사공신(靖社功臣)의 호를 받고 권좌의 요직을 차지하였다.

세종대왕의 아들 밀성군(密城君)
1430년(세종 12)~1479년(성종 10)

밀성군의 이름은 침이고 자는 문지인데, 세종의 12번째 아들로 신빈 김씨 소생이다. 1442년 밀성군에 봉해졌는데 세조는 그가 평소에 언행을 삼가하고 조심하며, 형제간에 우애가 돈독함을 가상하게 여겼다. 세조가 군정에 뜻을 두어 삼군진무소를 고쳐서 도총부를 만들고, 도진무를 도총관으로 삼아 종실의 중신을 택하여 제수할 때 가장 먼저 그 선택에 응하였다.

　모친상을 당하자 홀로 여막에서 예를 다하니 사람들이 그의 효성을 칭찬하였다. 평소 세조의 배려가 지극하였는데, 세조가 서거하자 왕의 묘 자리를 보는 데 깊이 관여하였다. 1469년 세종대왕의 능(영능)을 여주로 옮길 때 도제조가 되어 일을 추진하였고, 예종이 도총관으로 삼아 병권을 장악하게 하자 사양하였다. 그러나 예종은 특명으로 밀성군 이침의 셋째 아들과 넷째 아들을 군으로 봉해 주었다. 성종이 즉위하자 호위한 공이 있다고 해서 좌리공신의 호를 하사했다. 1479년 정월 향년 50세에 죽었

다. 성종이 시호를 장효라 하였고, 정조는 효희라는 시호를 내렸다. 서거정이 찬한 신도비와 함께 묘는 하남시 초이동에 있다. 향토유적 제2호로 지정되어 있다

무신 이종생(李從生)
1423년(세종)~1495년(연산군 1)

이시애의 난 세조는 즉위하면서 중앙집권의 강화를 위해 북도 출신 수령의 임명을 제한하고 경관(京官)으로 대체하였다. 또한 수령들에게 지방 유지들의 자치기구인 유향소(留鄕所)의 감독을 강화하게 하여 수령들과 유향소와는 사이가 좋지 않았다.

회령부사를 지내다가 상(喪)을 당하여 관직을 사퇴한 이시애는 유향소의 불평·불만과 백성의 지역감정에 편승해서 동생 시합, 매부 이명효와 반역을 음모하고 1467년(세조13) 5월 반란을 일으켰다. 이 난은 당시 사옹별좌의 벼슬에 있던 이시애의 처조카 허유례가 자기 부친이 억지로 이시애의 일파에게 끌려갔다는 소식을 듣고 이시애의 부하인 이주·황생 등을 설득하여 이들과 함께 이시애 형제를 묶어 토벌군에게 인계하였다. 8월 이시애 등이 토벌군의 진지 앞에서 목이 잘림으로써 3개월에 걸쳐 함경도를 휩쓴 이시애의 난은 평정되었다.

이종생의 본관은 함평이고 자는 계지이다. 선략장군 호분위호군을 지낸 이극명의 아들이다. 1460년 별시무과에서 을과 제3인에 뽑혔으나, 무예에 능하여 등급을 몇 단계 뛰어넘어 창신교위에 임명되었다. 같은 해 10월, 도원수 신숙주의 군관으로 공이 있어 선략장군에 발탁되었으며, 1466년 절충장군에 올랐다. 다음 해 이시애의 난을 진압할 때 북청 만령에서 반란군을 대파하는데 선봉이 되었는데 그 공으로 적개공신 2등에 정해지고 함성군에 봉해졌다.

그후 건주위(建州衛)의 여진을 공격한 공으로 영변대도호부사가 되었고, 한성좌윤, 도총관, 내금위장이 되었다가 이어, 1485년 경상우병사가 되었고 1495년에는 부총관을 겸임하였다. 그는 타고난 성품이 정직하고 너그럽고 후하였으며, 직무를 이행할 때 대세를 따르고, 사람을 대할 때는 관대하였다. 또한 명장으로서 지덕을 겸하였다는 평을 들었다. 시호는 장양이고, 묘는 하남시 감북동에 있다

전서체의 일인자 허목(許穆)
1595년(선조 28)~1682년(숙종 8)

허목의 본관은 양천이며, 자는 문보·화보, 호는 미수이다. 시호는 문정이다. 1624년 광주의 우천에 살면서 자봉산(지금의 하남시 검단산)에 들어가 독서와 글씨에 전념하여 그의 독특한 서체인 전서(篆書)를 완성하였다.

1626년 인조의 생모 계운궁 구씨의 복상문제와 관련되어 인조는 그에게 일정기간 과거를 보지 못하게 하는 벌을 내렸다. 뒤에 벌이 풀렸으나 과거를 보지 않고 검단산에 은거하여 학문에만 전념하였다. 1650년 정릉참봉에 제수되었으나 1개월만에 그만두었다. 1660년 경연에 출입하였고 장령이 되어 효종에 대한 조대비(인조의 계비)의 복상기간이 잘못되었으므로 바로잡아야 한다고 상소하여 정계에 큰 파문을 던졌는데, 이 때문에 정계가 소란스러워지자 현종은 그를 삼척부사로 임명하였다. 여기서 그는 향약을 만들어 교화에 힘쓰고 『척주지』를 편찬하였다.

1675년 이조참판을 거쳐 자헌대부에 승진되고, 의정부 우참찬 겸 성균관 제조로 특진되었다. 이어 이조판서를 거쳐 우의정에 승진되어 과거를 거치지 않고 유일하게 삼공(三公)에 오른 인물이

경연 조선시대 임금이 학문을 닦기 위하여 신하들 중에서 학식과 덕망이 높은 사람을 궁중에 불러 경적(經籍)과 사서(史書) 등을 강론하게 하던 일.

되었다. 이 해 덕원에 유배중이던 송시열에 대한 처벌을 두고 영의정 허적과 맞서 가혹하게 처벌할 것을 주장하였다. 이로 인해 남인은 송시열의 처벌에 온건론을 주장한 탁남과 강경론을 주장한 청남으로 나뉘어졌고 허목은 청남의 영수가 되었다. 1678년 사직하고 고향으로 돌아와 저술과 후진양성에 전념하였다.

그는 그림·글씨·문장에 모두 잘했는데, 특히 전서에 뛰어나 동방 제1인자라는 찬사를 받았다. 현재까지 남아있는 그의 대표적인 글씨로는 삼척의 「척주동해비」, 그림으로 「묵죽도」가 전한다. 저서로는 『미수기언』이 있다

척주동해비

천민 서흔남(徐欣男)
?~1666년9(현종 8)

서흔남은 남한산성 서문 밖 널무니(현재의 하남시 감이동)에서 태어난 천민 출신이다. 1636년 병자호란이 일어나 남한산성이 청군에게 포위되자, 나라에서는 전령을 모았으나 응하는 자가 없어서 곤경에 처해 있었다. 이때 서흔남이 자청하여 한지에 쓴 왕의 유지를 찢어 노끈을 꼬아 찢어진 옷을 얽어매고, 쪽박을 들고 거지·병자 행세를 하며 적진을 빠져나가 경상도·전라도·충청도와 강원도에 전하였다. 또한 적진을 여러 차례 오가며 적정을 보고하는 등 큰 공을 세워 나라에서는 정3품 가의대부의 품계를 내렸다. 1667년에 죽어 광주군 중부면 검복리 병풍산에 묻혔으나 근래에 와서 화장하여 묘비만 남게 되었다.

서흔남의 비

천주교 신자 이벽(李檗)
1754년(영조 30)~1786년(정조 10)

이벽의 본관은 경주이고, 자는 덕조, 호는 광암이며, 하남의 배알미리에서 태어났다. 이벽은 이익을 스승으로 하는 남인학자의 일원으로 이가환 · 정약용(이벽의 처남) · 이승훈(이벽과 동서) · 권철신 · 권일신 등과 교유관계를 맺고 있었다. 그의 아버지는 아들이 무인으로 성공할 것을 바랬으나, 벼슬길에 나가지 않고 평범한 서생으로 살았다. 그는 조선후기 주자학의 모순을 인식하고 새로운 대안을 찾던 가운데, 사신들을 통하여 청나라로부터 서학서(西學書)를 얻어 읽게 되었다. 당시 청나라에 와 있었던 서양선교사들과 청의 실학자 서광계 · 이지조 등이 저술한 천주교 서적들은 천주교 교리 뿐만 아니라 서구의 과학 · 천문 · 지리 등의 방대한 내용을 담고 있었다. 따라서 이러한 서적들은 읽고 연구하면서 자발적으로 천주교를 수용할 수 있는 단계에 도달하게 되었다. 1779년 권철신 · 정약전 등과 함께 광주의 천진암과 주어사에서 강학회를 열었는데, 이때 그는 천주교에 대한 지식을 동료 학자들에게 전하였다.

1784년 이승훈이 청나라에서 세례를 받고 돌아오자 그에게서 세례를 받고 정식으로 천주교 신자가 되었다. 이후 수표교에 집을 마련하고 천주교를 연구하고 전교하였다. 이때 권철신·권일신·정약전·정약용·이윤하·김범우 등이 세례를 받아 신자가 되었다. 신자들이 늘어감에 따라 교단조직과 교직자가 필요해지자 이벽은 이 교단조직의 지도자로서 활동하였다. 특히, 1785년 봄에 김범우의 집에서 설법교회하는 모임을 주도하다가, 이후 성균관 유생들이 척사운동을 벌이자 해산되었다. 그후 이듬해인 1786년 병에 걸려 사망했으며, 무덤은 경기도 광주군 퇴촌면 우산리에 있다. 저서로 『성교요지』가 남아 있다.

수표교 서울시 청계천에 놓여 있던 돌다리로서 청계천 복개당시 원형을 장충단공원으로 옮겼다. 청계천에 있었던 다리 중 가장 아름다운 돌다리이며 다리 앞에 물의 깊이를 잴수 있는 수표석을 설치하면서부터 수표교라고 불렸다. 그 이전에는 마전교라고 불렸다.

수표교

서유견문의 유길준(俞吉濬)
1856년(철종 7)~1914년

유 길준의 본관은 기계, 자는 성무, 호는 구당이다. 서울 계
동 출신이며, 어려서부터 아버지와 외할아버지 이경직에
게 한학을 배웠다. 1866년 병인양요가 일어나자 가족과 함께
광주군 동부면 덕풍리(현재 덕풍동) 역말로 피난하여 3년간 거
주하였다. 이곳에 거주하는 동안 그는 서당에서『소학』·『자치
통감』등을 읽었는데 뛰어난 글재를 발휘하여 광주 인근에 이
름을 드날렸다. 1870년 박규수의 문하에서 김옥균·박영효·
서광범·김윤식 등과 실학사상을 배우는 한편, 위원의『해국도
지』와 같은 서적을 통하여 해외문물을 습득하였다.

1881년 박규수의 권유로 어윤중의 수행원이 되어 신사유람단
에 참가하여 우리나라 최초의 일본유학생이 되었다. 이때 일본
의 문명개화론자인 후쿠자와 유키치가 경영하는 '게이오의숙(대
학)'에서 유정수와 함께 공부하였다. 1882년 임오군란이 일어나
자 민영익의 권유로 학업을 중단하고, 1883년 1월에 귀국하여 통

리교섭통상사무아문의 주사에 임명되어 한성 판윤 박영효가 계획한 『한성순보』 발간사업의 실무책임을 맡았다. 그러나 민씨 척족세력의 견제로 신문발간 사업이 여의치 않게 되자 주사직을 사임하였다.

그해 7월 보빙사 민영익의 수행원으로 도미하여 일본유학 때 알게 된 생물학자이며 매사추세츠주 세일럼시 피바디 박물관장인 모스(Morse, E. S.)의 개인지도를 받았다. 가을 덤머고등학교에서 수학하여 우리나라 최초의 미국유학생이 되었다. 1884년 갑신정변이 실패하였다는 소식을 듣자 학업을 중단하고 유럽 각국을 순방한 뒤, 1885년에 귀국하였다. 그러나 갑신정변의 주모자인 김옥균·박영효 등과 친분관계가 있었다고 하여 개화파의 일당으로 간주되어 귀국 후 체포되었다. 한규설의 도움으로 극형을 면하고, 1892년까지 그의 집과 취운정에서 연금생활을 하면서 『서유견문』을 집필, 1895년 출판하였다.

1894년 동학농민운동을 계기로 한 청일전쟁과 함께 수립된 내각에 참여, 외아문 참의 겸 군국기무처회의원·도찰원도헌·내각총서·내무협판·내부대신 등의 요직을 지내면서 갑오경장의 이론적 기초를 제공하였다.

그가 내부대신으로 있을 때 단발령을 강행함으로써 보수적인 유림과 국민들로부터 반감을 사기도 하였다. 1896년 2월 아관파천으로 친일내각이 붕괴되고, 친러내각이 수립되자 일본으로 망명하여 일본 육군사관학교 출신의 한국인 청년장교들이 조직한 일심회와 연결, 쿠데타를 기도하였으나 실패하였다. 이 사건이 양국간의 외교분규로 비화되자 일본정부에 의하여 오가사와라섬에 유폐되었다.

1907년 고종이 폐위된 뒤 귀국하여 흥사단 부단장, 한성부민회 회장을 역임하고, 계산학교·노동야학회 등을 설립하여 국민

갑오경장 1894년(고종 31) 갑오에 정부에서 옛날식 정치제도를 버리고 서양식 제도를 본받아 새 국가체계를 확립하려던 정책 208건을 의결한 것을 이름

단발령 1895년(고종 32) 정부에서 머리를 깍도록 명령을 내려 종래의 상투를 틀던 풍속을 없애도록 한 명령

계몽에 주력하는 한편, 국민경제회·호남철도회사·한성직물주식회사 등을 조직하여 민족산업의 발전에도 힘을 쏟았다. 1909년에는 국어문법서인 『대한문전』을 저술·간행하였고, 1910년에 훈일등태극대수장을 받았다. 일진회의 한일합방론에 정면으로 반대하였으며, 국권상실후 일제가 수여한 남작의 작위를 거부하였다. 1914년 9월 30일 59세를 일기로 생을 마치고 선영이 있는 하남시 덕풍동에 묻혔다가 도시개발로 인해 현재는 하남시 검단산에 이장되어 있다. 그의 대표적인 저서로는 『서유견문』이 있다.

서유견문

신소설의 작가 최찬식(崔讚植)
1881년(고종 18)~1951년

최찬식의 본관은 경주이고 자는 찬옥, 호는 해동초인·동초이다. 하남시 풍산동에서 태어났는데, 아버지는 개화기 언론인이면서 제국신문을 발행한 최영년이고, 어머니는 청송 심씨이다. 어릴 때에는 집에서 한학을 공부하여 사서삼경을 마쳤고, 갑오경장 후 1897년 아버지가 광주에 설립한 시흥학교에 입학, 신학문을 공부하였다. 뒤에 서울로 올라와 관립한성중학교에서 수학하였다. 신학문을 공부하고 문학에 뜻을 두어 1907년에 중국 상해에서 발행한 소설전집 『설부총서』를 번역한 뒤 현대소설의 토대가 된 신소설 창작에 착수하였다. 『자선부인회잡지』 편집인과 『신문계』·『반도시론』 등에서 기자를 하였고, 말년에는 뚝섬에 있는 그의 농장에서 면암 최익현의 실기를 집필하였으나 끝내지 못하고 죽었다.

최찬식은 이인직·이해조와 함께 3대 신소설 작가로 불려지고 있는 만큼 초창기 한국 신문학의 발전에 크게 공헌한 선구자라 할 수 있다. 1951년 71세에 별세하였다. 대표작으로『추월색』
(1912)을 비롯하여,『안의 성』(1914) 등이 있다.

추월색

독립운동가 이대헌(李大憲)
1883년(고종 20)~1944년

이대헌은 독립운동가로 경기도 광주군 동부면 교산리(현재의 하남시 교산동) 사람이다. 1883년 11월 14일 출생하여 1919년 3·1운동 당시 37세였으며 농업에 종사하고 있었다. 3·1운동이 일어나 지방으로 번지자 하남시에서도 3월 23일부터 만세운동이 시작되었다. 이대헌은 이장 최창근으로부터 전국적으로 만세시위가 전개되었음을 듣고, 3월 26일 면사무소 앞에서 태극기 1개를 만들어 저녁 무렵 마을 청년 10여명을 규합하여 독립만세의 정당성과 앞으로의 사태를 설명하고 독립시위에 동참할 것을 권유하였다. 이어 27일 새벽 2시경 산 위에서 봉화를 올리고 만세를 부른 후 주민들을 모아 면사무소로 가서 독립만세를 부르고 해산했다. 오전 11시에 다시 마을 주민 30여명을 규합하여 태극기를 앞세우고 면사무소로 나가면서 독립만세를 외쳤다.

이때 망월리의 김용문이 주민들을 인솔하여 이곳으로 와 합류

●── 이대헌에 대한 판결문 ──●

본적지 : 경기도 광주군 동부면 교산리
현주소 : 위와 같은 곳
농업(무종교)
이대헌(李大憲) 11월 14일생, 37세

이에 대한 보안법 위반 피고 사건에 대하여 조선총독부 검사대리 사법관 시보 등촌영(藤村英) 관여로 심리 판결함이 다음과 같다.

주 문
피고 대헌을 징역 2년에 처한다. 압수 물건은 이를 몰수한다.

이 유
피고는 상기 피고가 거주하는 동리의 구장인 바, 최창근이란 자로부터 조선 각지에서 조선독립 시위운동이 일어났음을 전해 듣자 피고가 거주하는 동리에서도 역시 조선독립 시위운동을 하려고 꾀하여 정치변혁의 목적으로 대정 8년 3월 26일 위 피고가 사는 면의 면사무소 앞 길가에서 한국 국기 1류(증제 1호)를 만들어 두었다가, 이튿날 27일 오전 2시 경 리민 10수명을 불러모아 이를 인솔하고 위의 한국기를 휘두르며 피고의 동리에 있는 무명산(無名山) 꼭대기에 올라가 봉화를 올리고 약 1시간 가량 함께 조선독립만세를 연달아 부르다가 오전 3시 경 그 산꼭대기에서 동면 면사무소 앞으로 몰려가 그 곳에서 약 30분 쯤 같이 조선독립만세를 절규한 다음 일단 해산하였으며, 동일 오전 11시경 다시 리민 약 30여 명을 규합, 솔선하여 동면 면사무소 앞으로 가서 동일 오후 2시 경까지 일제히 독립만세를 미친 듯이 부름으로써 정치에 관하여 불온한 언동을 하므로 말미암아 치안을 방해한 자이다. 위의 사실은,

1. 피고가 당 공판정에서 말한 판시함과 같은 취지의 자백,
2. 헌병 상등병 후등정차랑(後藤政次郎)이 대정 8년 4월 5일 부로 광주 헌병 분견소장 앞으로 낸 보고서 중에, '피고는 판시한 일시에 동리의 사환을 시켜 리민을 모아 동리의 앞산에서 봉화를 올리고 약 1시간 가량 군중과 함께 조선독립 만세를 높이 불렀으며, 동일

오전 3시 30분 경부터 동일 오후 2시 경까지 동면 사무소 앞에서 또 다시 독립만세를 연달아 부른 자이다'는 취지의 기재가 있는 것, 압수한 조선국기가 현존하는 것 등에 징험하여 증빙이 충분하다.

법에 비추건대, 본 건은 범죄 후의 법률로 말미암아 형이 변경되었으므로 형법 제6조, 제8조, 제10조에 의하여 신·구 양법을 비교 대조하면 구법에 있어서는 보안법 제7조, 조선 형사령 제42조에 해당하고 신법에 있어서는 대정 8년 4월 15일 제령 제7호 제1조에 해당하므로 구법인 보안법의 형이 경하므로 동법 제7조, 조선 형사령 제42조를 적용, 소정형 중 징역형을 선택하여 그 형기범위 내에서 처단할 것이며, 압수 물건은 범죄에 공영된 피고 소유의 것이므로 형법 제19조에 의거 몰수할 것이다. 따라서 주문과 같이 판결한다.

대정 8년 4월 29일

경성지방법원 조선총독부 판사 금천광길(金川廣吉)

비고 경성복심법원에 공소, 대정 8년 7월 9일 징역 1년에 처하여지고(대정 8년 형공 제340호), 고등법원에 상고(대정 8년 9월 13일), 기각됨(대정 8년 형상 제729호)

하게 되었다. 시위 군중은 더욱 기세를 올리며 면장과 면서기도 같은 민족이므로 동참할 것을 권유했으나 이들이 거절하자 격렬한 야유를 보냈다. 시위대 앞에서 대한독립의 당위성과 일본의 정책에 대해 장차 호응하지 말고 저항할 것을 요청하였다. 시위대가 오후 2시까지 격렬하게 만세를 부르자 주재소원들이 출동하였고 현장에서 체포되었다. 1919년 4월 29일 경성복심법원에서 보안법 위반으로 2년형이 선고되자 항소하여 고등법원에서 1년으로 감형되었으나 다시 대법원에서 기각되고 형이 확정되어 옥고를 치렀다. 1927년 8월 광주지역 신간회 지회가 창립될 때 간사로 활동하였다. 1983년 대통령표창이 추서되었다.

헌법학자 유진오(俞鎭午)

1906년(광무 10)~1987년

유진오의 본관은 기계이고, 호는 현민, 유치형의 아들이다. 1924년 경성제일고등보통학교를 거쳐 1927년 경성제국 대학 법학부를 졸업하였다. 재학시절 뜻맞는 친구들과 문우회 를 조직하고 동인지 『문우』와 시집 『십자가』를 펴냈으며, 경제 연구회를 조직하기도 했다. 경성제국대학 강사·보성전문학교 강사를 거쳐 보성전문학교 법과장, 고려대학교 정법대학장, 대 학원장, 총장을 역임하면서 일생을 후학 양성에 힘썼다. 1945년 해방 후 대한민국 건국의 기초사업에 착수 법전편찬위원회 위 원, 대한민국헌법 기초위원, 법제처장, 고등고시위원, 한국공법 학회·한국법철학회·한국국제법률가협회 회장을 역임하였다.

정치에도 관여하여 1967년 신민당이 창당될 때 대표위원으로 피선되었고, 이후에 총재가 되었으며 7대 국회의원으로 종로구 에서 당선되기도 하였다. 5·16 군사쿠데타 후에는 국가재건 국 민운동 본부장을 맡았다. 1951년에는 한일회담 대표로, UN한국

대표단 고문으로도 활동하였다. 1960년 한일회담 수석대표, 1965년 이디오피아의 세계교육자대회에 참석하는 등 외교 활동도 활발히 전개하였다. 학창시절부터 글쓰기를 좋아하여 많은 문학작품과 논문을 발표하였다. 소설집으로 『김강사와 T교수』(1976), 수필집 『젊은날의 자화상』(1976) 등이 있다. 그리고 법학관계 저서로는 『헌법이론과 실제』·『헌법의 기초이론』·『헌법강의』·『헌법입문』 등이 있다. 1959년 대한민국 학술원상, 1962년 대한민국 문화훈장 등을 받았다. 묘는 하남시 상산곡동에 있다.

유진오

자유당의 내무부장관
최인규(崔仁圭)

1919년~1961년

최인규는 하남시 미사동에서 최광섭의 큰아들로 출생하였다. 10세 때 광주군 구천면 상일공립보통학교에 입학, 4학년 때인 1932년 서울 중앙기독교청년회 속성과에서 1년을 공부한 실력으로 1933년 서울의 보성고등보통학교 2학년 보결 시험에 합격하였다. 1941년 경성고등상업학교를 졸업하고 조선생명보험주식회사에 입사하여 광복 때까지 근무하였다. 1947년 뉴욕대학교 상과대학에 편입학하고, 1949년 졸업하여 귀국하였다. 1954년 5·20 민의원 선거에 자유당 공천으로 경기도 광주에서 입후보하였으나 낙선하였다. 1955년 이기붕의 주선으로 국제연합한국부흥위원회 뉴욕주재 한국대표로 임명되었고, 같은 해 제네바 회담에 한국 업저버로 참석하였으며, 1956년 외자청장이 되었다. 1958년 5·22 민의원 선거에 다시 광주군에서 자유당 공천으로 입후보하여 당선되고, 9월에 교통부장관에 기용되었다. 이듬해 3월 선거를 전담하는 장관인 내

무부장관에 발탁되었다. 1960년 4·19혁명으로 자유당 정권이
무너지자, 3·15 정·부통령 부정선거를 총지휘한 원흉으로 지
목받아 같은 해 5월 3일 구속되었다. 1961년 12월 혁명재판부
에서 3·15 정·부통령선거의 부정선거를 지령한 혐의로 사형
이 확정, 12월 서울교도소에서 사형이 집행되었다.

전 설

전설이란 민간의 입에서 입으로 전해지는 옛날 이야기의 한 종류이다. 한 고을이나 한 마을의 역사적인 이야기로서 옛날부터 그 지방에서 구전(口傳)된 것이 곧 전설이다. 전설에는 지역성과 역사성이 포함되어 있다.

전설은 한 지방의 자연과 문화, 그리고 인물 등과 밀접한 관련이 있다. 따라서 전설에는 원칙적으로 그 지방의 자랑이나 또는 특색으로 내세울 만한 점이 포함되어 있다. 한 지역에는 문화와 자연, 인물들이 모두 존재하기 때문에 당연히 전설에도 문화전설, 자연전설, 인물전설 등으로 구분된다.

문화전설은 한 마을이 지닌 종교·사회·습관 등 제도에 관한 전설인데, 구체적으로는 별신굿이나 동제(洞祭)의 유래에 관한 전설, 세시풍속에 관한 전설 등이 그것이다. 자연전설은 빼어난 경치, 이상한 모양의 나무나 바위, 기묘하게 생긴 지세(地勢) 등에 얽힌 이야기들이고, 인물전설은 위인·충신·학자·장군·

동제(洞祭) 마을의 수호신에게 마을 사람들이 재해를 면하고 행복을 구하기 위하여 실시하는 행사. 대상 신은 산천신·서낭신이며, 마을 근처의 신당(神堂)·신단(神壇)·신목(神木)을 정하여 신성한 구역으로 정하고 출입을 금지한다. 1년에 1회 혹은 계절별로 하는 데 재화를 입을 때는 수시로 하기도 한다. 동제가 있을 때는 마을안에서 도살·장거리 여행·싸움을 금지하고, 마을입구에 금줄을 쳐서 잡인의 출입을 금지한다.

장사·효행이 뛰어나거나 절개를 지킨 여인 등이 그 예가 된다. 이와 같은 뜻에서 전설은 한 지방의 특색 있는 '향토지리지(鄕土地理誌)'적 성격을 가지고 있다.

전설은 역사적 사실을 간직하고 있는 것으로 전해져 그 지방 사람들이 진실이라고 믿는 특징이 있다. 실제로 있었던 일에 관한 믿음이 전설에 담겨져 있는 것이다. 그러나 이 믿음은 객관적 역사와는 구별된다. 즉 실제로 일어났다고 확신하는 믿음이 객관적 사실보다 큰 비중을 차지하는 것이 전설이다. 따라서 전설은 실제로 일어났던 일이라기보다 '실제로 일어났다고 믿어지고 있는 일'이라고 하는 편이 더 적절하다. 하남에도 검단산 전설, 도미부인 전설, 탑과 철불에 얽힌 전설 등이 있다.

도미부부

우리나라 고대의 역사책으로 김부식이 지은 『삼국사기』 권 48 열전에는 남편을 사랑하는 한 여인의 애틋한 사랑이 야기가 기록으로 전해오고 있다. 이와 관련된 곳이 바로 하남시 창우동의 한강변으로 오늘날 도미나루라고 불리는 곳이다.

이 이야기는 백제가 하남위례성에 도읍을 정하고 국가체제를 정비한 이후 제21대 임금인 개로왕 때로 거슬러 올라간다. 당시 하남위례성은 오늘날 서울특별시 송파구와 강동구ㆍ경기도 하남시 일대에 해당한다. 이곳에는 도미(都彌) 부부가 살고 있었다. 도미는 신분은 보잘 것 없었지만 의리 있는 사람이었고, 그의 부인은 아름다우며 절조가 있어 당시 사람들의 칭찬이 자자했다. 백제의 개로왕이 이 말을 듣고 도미를 궁안으로 불러 도미부인의 지조를 시험하고자 하였다. 그래서 왕은 한 신하를 왕으로 위장시켜 도미부인에게 보냈다. 도미부인을 찾아간 신하가 말하기를

"내가 너의 아름다움을 오래 전부터 듣고 도미와 장기내

기를 하여 이겼다. 내일 너를 궁녀로 삼을 것이니 네 몸은 나의 것이다"

라고 하며 난행(亂行)을 하려고 하였다. 이에 도미부인은 왕의 말에 순종하며 옷을 갈아입고 오겠다고 하고서 여종을 단장시켜 수청들게 하였다. 뒤늦게 이 사실을 안 개로왕은 크게 노하여 도미에게 죄를 얽어 씌어 도미의 두 눈알을 뽑아버리게 하고, 작은 배에 태워 강물에 띄어 보냈다. 그후 왕은 다시 도미부인을 끌여들여 강탈하려 하였다. 부인은 지금 월경 중이니 다른 날에 모시겠다고 하고 그 길로 도망하였다. 강가에 이르러 마침 지나는 배를 타고서 천성도(泉城島)라는 섬에 도착하였는데, 그 섬에서 아직 살아있는 남편을 만나게 되었다.

이들은 다시 고구려의 산산(蒜山)이라는 지역으로 가서 살다가 일생을 마쳤다고 한다. 지금의 창우동 한강변은 이와 같이 도미부부가 이곳을 떠났다 하여 도미나루라는 지명으로 불리고 있다. 이 이야기는 정절의 표상으로서 후대까지 널리 알려져 있으며, 『오륜행실도(五倫行實圖)』에는 그림과 함께 이 내용이 수록되어 있다.

검단선사

검단선사는 고개마루 길가의 편편한 바위에 앉아 자기가 올라온 길을 되돌아 보며 누군가를 기다리고 있었다.

"이놈이 오늘은 왜 이리 늦노."

한참을 기다리며 지나가는 구름을 바라보고 세월의 무상함을 탄식하고 있을 때, 풀을 헤치는 소리가 나더니 고개를 올라오는 소년이 보였다. 검단선사의 얼굴에 기쁨과 안도감이 일며 마치 옛 동무라도 만난 듯 소리쳤다.

"빨리 좀 오너라, 목 빠지겠다."

"오래 기다리셨군요. 할아버지 죄송합니다. 빨리 오려고 했는데 어머니께서 오늘은 더 아프세요. 미음도 안 잡숫고 눈을 감고 계셔서 돌아가시는 줄 알고 혼이 났습니다."

10살 정도 되어 보이는 소년의 얼굴은 근심에 잠겨 있었다.

"할아버지, 오늘은 시간이 늦었는데 바둑은 그만 둘 까
요?"

"네가 싫으면 할 수 없지 뭐냐."

"아니에요, 할아버지. 싫어서가 아니라 어머니 때문에 걱
정이 돼서 그래요."

"그럼 너의 어머니 병환이 나으시면 나하고 매일 바둑을
둘 수 있겠니?"

"그럼요. 하루 종일 아니, 밤을 새워서도 둘 수 있지요."

날마다 해가 중천에 뜨는 이맘 때면 이 소년과 만나서 바둑 두
는 것을 큰 낙으로 삼는 검단선사는 한동안 생각에 잠기는 듯 했
다. 잠시 후 검단선사는 무슨 말을 할 듯 하다가 심각한 눈초리로
소년의 얼굴을 바라보았다. 소년은

"동네 의원 말씀이 어머니의 병은 대추하고 곶감이 약이
래요. 그 두 가지를 한꺼번에 넣고 달여 먹으면 병이 낫는
데요. 그래서 그것을 구하러 내일 길을 떠나려고 해요"

라고 말했다.

"길을 떠난다고? 이 여름철에 그것을 어디서 구한단 말
이냐?"

"북쪽으로 멀리 가면, 그곳은 가을일 테니까 있겠지요. 빨
리 약을 구해와야 되니까 오늘 당장 떠나 밤을 새워서라
도 부지런히 가서 구해 와야지요."

노인과 소년 사이에는 잠시 침묵이 흘렀다. 검단선사는 도인
이다. 속세를 떠나 살고 있으면서 언제부터인가 이 소년과는 혈
육 이상으로 정이 들었다. 자신이 도인인 줄 모르는 이 소년의 고

난을 바라볼 때 검단선사의 마음이 아팠다. 자신의 능력으로 이 소년의 어머니 병을 고칠 수 있지만 자기의 정체를 계속 숨기고 싶은 검단선사는 번뇌에 빠질 수밖에 없었다. 그것은 소년이 자기의 정체를 알게 되면, 이제까지 가지고 있던 순진한 심성을 잃고 본능에 가까운 인간 속성으로 자기를 대하게 될 것이 마음에 걸렸기 때문이다. 그렇게 되면 속세와 인연을 끊은 자기로서는 이 소년과도 헤어져야만 한다고 생각한 검단선사는 한동안 깊은 시름에 빠졌다.

"얘야, 네가 길을 떠나 약을 구하자면 한 달이 걸릴지, 두 달이 걸릴지 모르는 일이니 내가 갔다 오마."

"네? 할아버지가요? 몸도 약하실 터인데, 어떻게 먼 길을 가신단 말이에요. 그러지 마시고 제가 다녀올 동안 우리 집에 와 계시면 좋겠어요."

"아니다, 얘야. 내가 없는 동안 네 어머니가 돌아가시기라도 한다면 어떻게 하겠니. 그리고 내가 갔다오는 것이 훨씬 빠를 것이다."

"할아버지 정말이세요? 정말 다녀 오실 수 있으세요?"

"암, 그럼 다녀올 수 있지. 오늘부터 이렛날 후에 해가 네 머리 꼭대기에 오거든 이곳에 와서 날 기다리려무나."

"그렇게 빨리 다녀오실 수 있어요? 할아버지, 저는 할아버지가 오실 때까지 매일 이곳에 올라와 보겠어요."

"아니다. 틀림없이 그날 올테니 잊지 말고 오려무나. 자, 그럼 난 가봐야겠다."

"할아버지 고맙습니다. 할아버지 은혜는 죽어도 잊지 않겠어요."

"자, 그럼 난 이쪽으로 내려 갈테니 너도 가 보아라."

"할아버지 몸조심하세요."

감격에 겨워 흐느끼는 소년을 뒤로하고 홀연히 사라지는 검단 선사. 그러나 소년의 어머니 병은 날로 더해만 갔다. 홀어머니를 단신으로 봉양해 온 소년은 온갖 정성을 다하여 어머니를 간호하 면서 노인과의 약속 날짜를 기다렸다. 그러나 검단선사가 떠나간 지 닷새 째 되던 날 병이 악화된 소년의 어머니는 죽고 말았다.

한편, 검단선사는 축지법을 써서 묘향산 깊은 계곡으로 들어 가 대추와 곶감을 구해 가지고 약속된 날짜에 돌아왔으나 소년 은 보이지 않았다. 온종일 기다려도 소년은 끝내 소식이 없었다. 그 이튿날도 그 다음날도 소년은 오지 않았다. 마을에 내려가 수 소문을 하니 어머니를 장사지낸 소년은 울면서 어디론가 떠났다 는 얘기였다. 검단선사는 약자루를 힘 없이 땅에 떨어뜨리고 넋 을 잃고 하늘을 쳐다보았다. 무상한 생각에 잠긴 채 산으로 돌아 와 그곳에 절을 짓고, 절 뒷산에 올라 멀리 가물대는 산천을 바라 보며 검단선사는 소년을 떠올려 보았다.

'내가 아직도 개우침이 미치지 못하였구나'

하는 생각과 함께 능선을 따라 하염없이 동쪽으로 가다 해질녘 에 닿은 곳이 지금의 검단산이고, 검단선사는 이곳에 작은 암자 를 짓고 도를 닦다 죽으니, 이 산의 이름을 검단산이라 부르게 되 었다는 이야기이다.

탑산동 석탑

370년 (백제 근초고왕 25) 법화골에 예선과 갑분이라는 두 처녀가 있었다. 그들은 친형제 이상으로 우애가 깊어서 남들이 볼 때 이상할 정도로 다정한 사이였다. 점점 혼인할 나이가 되자, 양가의 부모들은 딸들을 출가시킬 준비를 하면서 은밀히 신랑감을 물색했다. 그러나 젊은 사람들은 거의 다 병정이 된 형편이라 마땅한 신랑감을 구하기 힘들었다. 당시는 고구려·신라·백제 삼국의 영토분쟁이 그칠 날이 없었던 때였는데, 싸움터에서 팔 하나를 잃고 고향으로 돌아온 한 청년이 있었다. 혼기를 아주 놓치게 될까 걱정한 예선이라는 처녀의 집에서는 서둘러서 그 청년과 혼약을 맺었다.

"애, 갑분아. 우리가 출가를 해도 서로의 우의를 잊지 말고 매일 만나자."

"너는 곧 시집을 갈 텐데, 네 남편이 그걸 허락하겠느냐?"

"걱정 말아라. 어떻게 해서라도 허락을 받아 네가 우리 집
에 자주 오게 하겠다."

　이처럼 두 처녀는 떨어질 줄을 몰랐다. 얼마 후 예선이 시집을
갔다. 자주 만나기로 약속했지만, 시집간 여자가 어찌 친구를 자
주 만날 수 있겠으며, 또한 갑분이도 시집간 친구의 집에 어찌 자
주 출입할 수 있었겠는가? 하루는 예선이 남편에게 말했다.

"서방님께 간절한 청이 있습니다. 갑분이라는 가까운 친
구가 있는데 그 친구와 언약을 하였습니다." "언약이란
것이 무엇이었소?"

"갑분이가 출가할 동안 우리 집에 같이 살게 해주십시오."

"그거 뭐 어려운 일이겠소. 그렇게 합시다."

　이리하여 예선이는 갑분이와 한 집에서 살게 되었다. 남들은
이상하게 생각했지만, 세 사람은 매우 화목하게 살았다. 그러던
어느 날 갑분이는 예선에게

"예선아, 이대로 가면 평생 농사꾼 신세를 면치 못할 것이
니, 네 남편이 글공부를 하도록 도와 벼슬길에 나가게 하
는 것이 어떠니?"

라고 말했다. 이 말을 들은 예선은 남편을 설득하여 공부를 하도
록 하고 예선과 갑분은 농사일을 도맡았다. 그런 피나는 노력 끝
에, 남편은 마침내 벼슬길에 올랐다. 이렇게 하여 고생을 면한다
싶더니, 뜻밖에 예선이 중병에 시달리다 남편과 갑분의 온갖 간
호에도 불구하고 세상을 뜨게 되었다. 예선은 죽기 전에 남편에
게

"여보, 제가 먼저 가게 되니 그 죄가 큽니다. 제가 죽거든

갑분이를 아내로 맞이해서 사십시오. 갑분아, 너도 꼭 서
방님과 혼인하여 행복하게 살아다오"

라고 말했다. 이러한 유언을 남기고, 예선은 숨을 거두었다. 한
집에 살면서도 조금도 이상한 생각을 품지 않았던 두 사람이었
으나, 하루는 남편이 갑분에게 조용히 의논하였다.

"예선이 유명을 달리할 때, 우리 두 사람에게 신신당부를
하였고… 또 우리가 부부를 맺는데 하등 꺼려할 것이 없
으니, 이제 혼례를 올림이 어떻겠소?"

갑분은 낮빛을 바꾸면서

"소녀의 말을 과히 탓하지 마십시오. 예선이 죽을 때 한
유언은 소녀의 두 눈이 떠 있는 한 이룰 수 없는 말입니
다. 혹시 서방님이 다른 데 혼인을 맺으신다 해도 한사코
말려야 할 소녀이온데, 하물며 서방님과 혼인을 맺는다면
구천에 가서라도 예선을 대할 면목이 없는 일입니다. 소
녀는 예선과 한 평생을 같이 살려고 고락을 같이 했던 것
뿐이며 서방님을 위해서 일한 것은 아닙니다. 소녀는 이
제 더 이상 바랄 것이 없는 몸이므로 서방님의 곁을 떠나
려 합니다"

라고 말했다. 예선의 남편은

"아니오, 나와 혼인을 안해도 좋으니 행여 다른 데로 갈
생각은 마시오"

라고 하고는 혼인은 없던 일로 했다. 얼마 후 갑분이는 외로움과
허무감에 휩싸여 머리를 깎고 산으로 들어가고 말았다. 뒷날 마
을 사람들은 예선과 갑분의 숭고한 우애를 귀감으로 삼고자 마

을에 석탑을 두 개 나란히 세웠는데, 이것이 바로 춘궁동 3층 · 5
층 석탑이라고 한다.

춘궁동 3 · 5층 석탑

향교고개의 철불

개로왕(蓋鹵王) 백제 21대 왕. 재위 455~475. 고구려의 첩자인 중 도림의 유혹에 빠져 국정을 소홀히 하다가 고구려 장수왕의 남진으로 수도인 한성을 빼앗기고 왕 자신도 살해되었다.

백제 개로왕 때의 일이다. 산이 첩첩이 쌓인 산골에 금슬 좋은 부부가 떠꺼머리 총각 동생을 데리고 사이좋게 살고 있었다. 남편은 성품이 어질었고 아내는 얼굴이 고왔으며, 동생 또한 몸이 건장하고 온순하여 집안이 화목했다. 그들은 가난하지만 오손도손 행복하게 잘 살았다.

이른 아침부터 젊은 부부는 밖에 나가 땅을 일구고 씨를 뿌렸다. 어느날 지게를 진 동생이, 일을 하고 있는 형과 형수의 곁을 지나면서,

"갔다 오겠어요"

라며 소리를 쳤다.

"어둡기 전에 돌아오너라."

"도련님, 감자 삶은 것은 챙기셨어요?"

일하다 말고 동생을 바라보며 말하는 두 사람의 얼굴은 그지

없이 행복해 보였다. 논이라고는 한 뼘도 없는 산골이지만 일년
내내 부지런히 일한 덕분으로 식량 걱정은 조금도 하지 않았다.

젊은 부부는 농사를 짓고, 동생은 산에 가서 나무도 하고 틈틈
이 사냥도 했다. 손을 흔들고 산너머로 사라지는 총각의 지게 위
에는 활과 화살이 있었다. 해가 중천에 이를 때까지 일을 한 부부
는 점심을 먹기 위해 집에 돌아왔다. 갑자기 왁자지껄한 사람들
의 말소리와 말발굽 소리가 들리더니, 갑옷과 투구를 입고 활과
창을 든 말을 탄 사람들이 집 앞에 몰려 왔다.

"임금님의 행차이시다. 무릎을 꿇어라."

깜짝 놀란 남편이 몸을 부들부들 떨며 땅에 엎드리니, 금빛 갑
옷을 입은 임금이 말에서 내렸다.

"고개를 들어 나를 보라. 이 산에 산짐승이 많은가?"

잔뜩 겁에 질린 남편이 미처 대답하기 전에 집안에 있던 아내
가 밖으로 나왔다. 그러자 임금이 소리를 쳤다.

"저 계집을 끌어내라."

말이 떨어지자마자 말에서 뛰어 내린 군사 서너 명이 집안으
로 들어가 여인을 끌어냈다. 잠시 여인을 바라보던 임금은

"호, 절색이로구나. 저 계집을 말에 태워라"

라고 명령했다. 땅에 엎드려 있던 남편은 벌떡 일어나서 아내를
끌어안았다.

"마마, 안되옵니다. 이 여인은 소인의 아낙이옵니다. 굽어
살피소서."

"뭣들 하고 있느냐? 저놈을 끌어내지 못할까."

임금이 또 소리를 쳤다. 군사들이 우르르 달려들어 사내를 잡

아 매어 놓고는 여인을 번쩍 들어서 말에 태웠다.

　　"오늘 사냥은 여기서 끝마치자."

　　"저 사내놈은 어찌 하오리까?"

　군사들이 묻자, 임금은

　　"죽여 없애고 싶다만 생명이 불쌍하니 두 눈을 빼서 쫓아
　　오지 못하게 하라"

고 하였다. 그러자 말 위에 있던 여인이 몸부림을 치며 비명을 질렀다.

　　"안돼요. 우리 남편을 살려주세요."

　　"이 천벌을 받을 놈들아. 내 아내를 두고 가거라."

　이 말이 끝나기도 전에, 임금은 말을 타고 산 아래로 내려가고 군사들은 남편의 눈을 사정없이 도려내고는 왕을 쫓아갔다. 두 눈은 잃은 남편은 정신을 잃고 쓰러져 있었다. 얼마 뒤 떠꺼머리 총각은 산토끼 한 마리를 잡아 지게에 매달고 집 앞에 이르러

　　"아주머니, 다녀왔어요"

라고 말했다. 그런데 집안에선 인기척이 없고, 어디선가 신음 소리가 들렸다. 그 곳을 찾아가 보니, 이게 웬일인가. 형이 피투성이가 되어 쓰러져 있지 않은가?

　　"아! 형님 이게 웬일이세요? 누가 형님을 이렇게 했어
　　요?"

　동생은 통곡하며 형을 끌어안고 몸부림쳤다.

　　"물 … 물 좀 다오."

　동생은 겨우 정신을 차린 형을 안아다가 방에 뉘고 물을 떠다

입에 넣어 주었다.

"아주머니는 어디 갔어요? 형님 자세히 말씀하세요."

비오듯 쏟아지는 눈물을 닦을 생각도 않고 동생은 형의 대답
을 재촉했다.

"이 나라 … 임금이라는 놈이 … 네 형수를 데려가고, 나
를 이렇게 만들었다."

"임금이라뇨?"

동생은 깜짝 놀랐다.

"임금이 어떻게 여길 왔었나요?"

"사 … 사냥을 나왔다가 여길 …."

"알았어요, 형님. 형님의 원수를 제가 꼭 갚을게요. 정신
을 차리세요."

"나는 살기는 다 틀렸다 …. 이 원수를 꼭 갚아다오."

"갚구 말구요. 하늘에 맹세하겠어요. 형님 제발 죽지 마세
요."

마침내 형은 숨을 거두었다.

"형님, 형님."

복받쳐 오르는 슬픔과 분노에 몸부림치며 밤을 지새운 동생은
양지바른 곳에 형을 묻고 복수심을 불태우며 어디론가 사라졌다.
그로부터 십여 년이 흘렀다. 백제 임금은 정사를 제대로 돌보지
않고 주색에 빠져 쾌락으로 나날을 보내고 날마다 술과 여자를
탐하는 데 정신을 쏟으니, 백성들의 원성은 날로 커지기만 했다.

임금이 한참 흥에 겨워하고 있는데, 장수가 들어와서

"마마, 아뢰옵니다. 지금 고구려 군사가 쳐들어와 임진강을 건넜다 하옵니다"

라고 하였다.

"뭣이라고. 우리 군사는 무얼하고 있었단 말이냐?"

"황공하옵니다."

"짐이 군사 2만을 줄 것이니, 그대는 빨리 나가 고구려 놈들을 물리치고 짐을 기쁘게 하라."

"분부대로 거행하겠습니다."

이리하여 백제군은 한강을 사이에 두고 고구려군과 대치하게 되었다. 때는 겨울로 접어들어, 백제군은 전의를 잃고 있는 상태였고, 고구려군은 추운 곳에서 훈련을 하며 강이 얼기만을 기다리고 있었다. 드디어 강이 얼어붙기 시작했다.

"오냐. 이제야 원수를 갚게 되는구나."

이를 부드득 갈며 진군을 명령하는 장수는 다름 아닌 그 옛날 떠꺼머리 총각이었다. 물밀듯 처내려오는 고구려군 앞에 백제군은 풀잎처럼 힘없이 쓰러지고 살아남은 백제군은 혼비백산해서 도망쳤다. 고구려 장수는 옛날 자기가 살던 땅에 이르렀다. 옛집은 형체만 남아 있고 형의 묘는 잡초더미로 우거져 있었다. 잠시 묘 앞에 꿇어 앉은 장수는

"형님. 오래 기다리셨습니다. 이제 며칠 안으로 백제왕의 목을 바치겠으니 기다리십시오"

하고 군사들을 시켜 형의 묘를 이장하기 시작했다. 묘를 파헤치는데 형의 시체가 나올 즈음 이상한 물체가 나타났다. 철불이었다. 이때 장수의 귀에 형의 목소리가 들렸다.

"사랑하는 아우야. 고생이 많았다. 그러나 이젠 내 말을
명심해 듣거라. 나는 지금 극락세계 부처님 곁에 있다. 이
제 그만 살생을 하고 돌아가거라. 인생의 업보는 내세에
서 가려주는 것이니, 부처님의 뜻을 따르도록 해라."

바람결에 들리는 소리는 틀림없는 형의 목소리였다. 그러나
한참 후 장수는 명을 내렸다.

"백제왕을 쳐라."

"와 … 와 …."

성난 파도와 같이 쳐들어간 고구려군은 백제왕을 사로잡았다.

"네 이놈 듣거라. 임금된 자가 백성의 아내를 빼앗고 백성
의 피를 빨아 술과 여자에 빠져 살았으니 하늘을 대신하
여 너를 벌하려 하느니라."

"장군이시여, 한번만 용서해 주십시오. 소인의 목숨을 살
려주시면 개과천선하겠습니다."

"에잇, 더러운 놈이구나. 한 나라의 임금이었던 자가 비굴
하기 짝이 없구나. 저놈의 목을 잘라라."

고구려 장수는 백제왕의 얼굴에 침을 뱉었다. 잠시 후 백제왕
의 목이 떨어져 나갔다. 이때 고구려 장수의 형의 묘 앞의 철불은
땀을 잔뜩 흘렸다고 한다. 이 고구려 장군의 이름은 걸루이다.

사리고개 석불

춘궁동 마을에서 제일로 부유하였던 김부자는 대를 이을 자식이 없어 마루에 걸터앉아 연신 곰방대만 빨아대고 있었다. 이 광경을 물끄러미 바라보던 김부자의 부인은 남편 볼 면목이 없어 눈물을 적셨다. 김부자의 부인은 남편에게 미안한 마음을 금치 못하여 별의별 약을 다 써보고 백일 기도도 올렸지만 통 기색이 없자 거의 자포자기 상태였다. 곰방대만 빨아대던 김부자는 갑자기 무릎을 탁 치고서

"옳지"

하며 급하게 아내를 불렀다.

"여보, 마누라. 우리가 여태 왜 그 생각을 못했지."

김씨의 부인은 고개를 갸우뚱하였다.

"바로 그거라고. 저 고개에 있는 석불에 당을 지어 부처님께 치성을 올리면, 부처님께서도 우리의 정성에 탄복해서 애를 보내줄 거야"

266

라면서 김부자는 의미심장하게 웃었다. 김부자의 부인은 남편의 느닷없는 생각에 기가 차다면서 말리려고 하였다.

"하지만 그 석불은 당신도 아시다시피 …."

김부자는 아내의 말이 채 끝나기도 전에 버럭 성을 내며,

"그따위 미신을 당신은 믿고 있는 거요?"

라고 되레 호통을 쳤다.

김부자의 부인은 이 마당에 무슨 짓을 못하겠느냐고 속으로 생각했지만 웬지 꺼림직하였다. 김부자가 석불에 당을 짓는다는 소문이 온 마을에 퍼지자 동네는 순식간에 떠들썩거렸다. 그러나 이 마을 사람이라면 누구 하나 할 것 없이 김부자의 땅을 빌어 쓰거나 소작하고 있었기에 감히 김부자 앞에서 드러내놓고 나서지 못하고 끼리끼리 모여 쑥덕거리고 있었다. 이때 이 마을에 뿌리를 박고 대대로 살아온 박영감이 나서서 김부자의 처사가 부당하다며 마을 주민들을 선동하였다. 이 사실을 안 김부자는 대뜸 박영감을 끌고 와 곤장을 치고는 소작을 몰수하여 다른 사람에게 내주었다. 그래서 마을 주민들은 김부자의 횡포에 기겁을 하고 아무 말도 못하였다. 그런지 3개월 뒤, 당이 완성되고 김부자 부부는 하루도 빠짐없이 부처님께 치성을 올렸다. 그러나 김부자 부부의 정성도 아랑곳없이 마을에는 심한 가뭄과 홍수가 일어나 그해 농사를 망치고 말았다. 거기다 설상가상으로 전염병까지 나돌아 온 마을은 쑥대밭이 되고 말았다. 그러니 모두들 김부자를 원망하며 삽과 곡괭이를 들고 고개로 달려가 당을 부수고 불질러 버렸다. 이 광경을 멍하니 바라다 본 김부자는 자신이 마을 사람을 무시한 채 자기의 이익만을 추구했던 것을 후회하였다고 한다.

법화골의 유래

병자호란 때의 일이다. 당시 임금인 인조(仁祖)가 피난간 남한산성에서는 매일 치열한 싸움이 벌어지고 있었다. 우리 군사의 수는 1만 2천명에 불과했고, 청나라 군사의 수는 10만을 넘어 중과부적이었다. 그래서 성 안에서는 매일 어전회의를 열고 항복을 하자, 최후까지 싸우자는 등 의론이 분분했다.

한편, 청나라 군사들도 남한산성이 공략하기 힘든 천혜의 요새임을 알고 성안의 식량이 떨어지기만 기다리는 지연전술을 사용하여 싸우려 하지도 않고 포위만 하고 있었다. 이때 원두표(元斗杓) 장군이 어전에 나와 자신의 결심을 밝혔다.

"연로한 장군이 어떻게 싸우겠다는 거요? 잠시 기다려보오."

"이대로 있다가는 산성이 적에게 함락되어 모두가 참변을 당하게 될 것이므로 나가 싸움이 마땅하다 생각합니다."

이렇게 임금과 원두표가 말을 주고 받기만 할 뿐 어떤 결정을 내리지 못하자, 화친파의 우두머리 최명길(崔鳴吉)이 나섰다.

"소신 아룁니다. 청나라 군사를 물리친다는 것은 도저히 불가한 일인데, 이제 군사를 내어 싸움을 돋구는 것은 안 됩니다. 오히려 청나라 군사의 노여움만 사게 되니 통촉하시옵소서."

최명길의 말을 들은 임금이 벌컥 화를 냈다.

"잠자코 계시오. 어찌 싸우지도 않고 그런 말을 하오."

임금이 크게 노하여 꾸짖음에도 불구하고, 최명길은 쉽사리 물러서지 않았다.

"만약 성이 함락되면 상감마마 이하 이 나라 백성들에게 어떤 환난이 올 것인지를 생각해보십시오."

그러자 원두표가 무서운 얼굴로 최명길을 노려보며 이렇게 말했다.

"항복을 하려거든 대감이 혼자 나가서 해 보구려. 에이, 비겁한 늙은이."

마침내 임금은 마음을 굳힌 듯 명령을 내렸다.

"경들은 싸우지 마시오. 짐이 원장군에게 군사를 내줄 것이니 신명을 바쳐 나라를 구해보도록 하시오."

인조는 군사를 원두표에게 주어 나가 싸우게 하였다. 원두표의 군대는 청나라 군사들의 눈을 피해 북문 밖 높은 언덕으로 올라 진을 치고 청군이 한가하게 쉬는 틈을 타 일제히 진격했다. 그러자 적군이 혼비백산하여 도망가기에 바빴고, 온 산은 피로 물드는 아비규환이 되어 적을 섬멸하기 직전까지 이르렀다. 이때

원두표(元斗杓) 1593(선조 26)~1664(현종 5). 조선 효종때의 대신으로 자는 자건, 호는 탄수 시호는 충익공이다. 인조반정에 참가하였으며, 이괄의 난 때 공을 세웠다. 병자호란 때 남한산성으로 왕을 모신 공으로 어영대장을 지내고 형조판서를 거쳐 우의정이 되었다.

아비규환(阿鼻叫喚) 불교에서
말하는 아비지옥과 규환지옥을
함께 이르는 말로, '참혹한 고통
가운데서 살려 달라고 울부짖는
상태'를 의미한다.

적 후방으로부터 일진의 군마가 달려오며 삼백 근쯤 되는 철퇴를 휘둘러 우리 군사들이 수 없이 쓰러져 퇴각할 수밖에 없었다. 크게 낙담한 원두표는 남은 군사를 모아 다시 진을 쳤다.

"철퇴를 쓰면서 날뛰는 적장의 이름이 무엇이냐?"

"양고리(楊古利)라고 하는 자인데 아무도 그를 당해낼 자가 없습니다."

"양고리라 ….."

비장의 말을 듣고, 원두표는 깊은 시름에 잠겼다.

이튿날 해가 떠오르자 어제의 패전을 설욕하려는 듯, 흑마를 탄 청나라 장수 양고리가 많은 군사를 이끌고 와서 싸움을 돋구었다. 미친듯 달려드는 적의 말발굽 아래 우리 군사는 무참히 죽어갔다. 이렇게 한참 싸우는데, 비장이 원두표에게 다가와 말했다.

"장군님, 어서 군사를 뒤로 물리도록 하십시오. 이대로 가다가는 전멸할 것입니다."

"알았다. 뒷산으로 군사들을 물리도록 하라."

명을 내린 원두표는 장병들을 뒷산으로 퇴각하게 하고, 적군이 지쳐 있는 틈을 타 전략을 새로 짜기 시작했다.

"원통하구나. 오늘밤에 모두가 죽을 각오를 하고 적진을 기습해야겠다."

이때 비장이 자신의 계략을 말했다.

"장군님 한 가지 계교가 있습니다. 적들은 내일 아침이면 또 다시 쳐들어 올 것입니다. 이대로 적을 맞아 싸우게 되면 또 다시 패할 우려가 있사오니 밤을 새워 산 아래에 함

정을 판 다음 적장 양고리를 그 곳으로 유인해 함정에 빠
뜨려 쉽게 잡으면 될 것입니다."

　이리하여 날이 어두워지자, 원두표는 군사들을 독려하여 밤새
도록 함정을 팠다. 날이 밝자, 청나라 장수 양고리는 군사를 이끌
고 성 밑에 이르렀다. 이때 비장 서기남은 군사 오백을 이끌고 선
봉으로 나가 거짓으로 싸우는 채 하다가 도망쳤다. 양고리는 삼
백 근 철퇴를 휘두르면서 서기남을 바짝 추격해 왔다. 적장이 서
기남을 향해 철퇴를 내리 치려는 순간 타고 있던 말의 앞발이 함
정에 빠져 죽고 말았다. 이렇게 하여 한 사람이 만 사람을 능히
당해낸다는 청나라 장수 양고리를 잡아 죽일 수 있었다. 원래 양
고리는 청나라 황제 태종의 매부로서 후금(後金)이란 나라를 세
운 누루하치의 사위였다. 그는 지난날 대륙 청평에서 명나라와
싸워 쉰 여덟 번 모두 이긴 장수이며, 일찍이 몽고를 평정할 때
홀로 몽고의 여덟 왕자를 사로잡은 용장으로 누루하치가 사위로
삼은 것이다. 양고리가 태어난 곳이 법화둔(法華屯)이라는 곳이
어서 그를 법화장군이라 불렀다. 전쟁이 끝난 후, 청 태종은 양고
리를 추모하여 남한산성 북문 밖 전사한 자리에, 원찰(願刹)을 세
우고 이름을 법화암(法華庵)이라 하였는데, 이때부터 그곳의 이
름을 법화골이라고 부르게 되었다고 한다.

참고문헌

『삼국사기』

『고려사』

『고려사절요』

『조선왕조실록』

『승정원일기』

『일성록』

『아방강역고』

『동국여지지』

『중정남한지』

『대동야승』

『남한지』

『택리지』

건설부 국립지리원,『한국지명요람』1994.

건설부,『한국하천일람』, 1991.

경기대학교 박물관,『하남 도미나루 유적』, 2003.

경기대학교 소성학술연구원, 2001년 하남역사학술회의,『21세기 하남의 재발견』, 2001.

경기도,『지명유래집』, 1987.

경기도사편찬위원회,『경기도 역사와 문화』, 1997.

국립문화재연구소,『서울·경기도의 향교건축』, 2000.

국립문화재연구소,『한국고고학사전』, 2001.

기전문화재연구원,『하남교산동건물지 발굴조사 중간보고서』Ⅰ~Ⅲ, 2000~2002.

미사리선사유적발굴조사단,『미사리』문화유적발굴조사보고, 제1권~제5권, 1994.

빛깔있는 책들,『한강』,『한국의 서원』,『불상』,『석등』,『부도』,『마애불』, 대원사.

서울특별시사편찬위원회,『서울六百年史』1~6권, 1977~1996.

세종대학교 박물관, 2002년 하남 미사동 국제학술심포지엄,『동아세아에서 미사동유적의 위치』, 2002.

세종대학교 박물관,『하남 미사동』, 2002.

세종대학교 박물관,『하남시 광암동 지석묘』, 1998.

세종대학교 박물관,『하남시 교산동 일대 문화유적』, 1996.

세종대학교 박물관,『하남시의 역사와 문화유적』, 1999.

이경수,『역사의 섬 강화도』, 신서원, 2002.

이상배,『서울의 하천』, 서울특별시사편찬위원회, 2000.

㈜時空테크,『그림과 명칭으로 보는 한국의 문화유산』(정영호 감수), 1999.

충북대학교 박물관,『판교~구리·신갈~반월간 고속도로 문화유적 지표조사보고서』, 1987.

하남시,『문화유적분포지도』, 2000.

하남시,『이성산성 출토 유물집』, 2003.

하남시·사단법인 하남역사문화연구소,『자료를 통해 본 하남』, 2001.

하남시·하남역사문화연구회 편,『하남의 역사와 문화』, 국학자료원, 2001.

하남시사편찬위원회,『역사도시 하남』·『환경도시 하남』, 2001.

한국문화재보호재단,『하남 천왕사지 1차·2차 시굴조사 보고서』, 2001~2002.

한국역사연구회,『역사문화수첩』, 역민사, 2002.

한국정신문화연구원,『한국민족문화대백과사전』1~28, 1997.

한글학회,『한국지명총람 - 경기도편』, 1980.

한양대학교 박물관,『이성산성』발굴조사보고서 1~9, 1987~2002.

한일관계사학회, 제6회 한일관계사학회 국제학술회의,『유길준과 한일관계』, 2000.

▶ 찾아보기

ㄱ

가락바퀴 32

가래여울 15

가무나리 11, 19

간석기(마제석기) 29

갈돌 32

갈돌판 32

감북동 19, 216

감일리 64

감천(甘川) 19

감천리(甘川里) 19

갑오경장 237

갑자사화 224

강무(講武) 57

강무장 3

강심 41

강화도 55

개로왕 250, 260

개석식(蓋石式) 79

객사터 94

객산 6

거문봉 4

거사불망비 202

거사비 202

검단산 1, 57, 135, 231,238

검단선사 1, 252

검율 62

게이오의숙(대학) 236

결가부좌(結跏趺坐) 115

경관(京官) 61

경기도관찰사 59

경당 147

경력 62

경순왕(敬順王) 9

경신처분 160

경안면 60

경연 231

경창 138

경학박사 52

경학원규정 156

고골(춘궁동) 7, 20, 59, 139

고구려 36

고덕동 9

고덕천 15

고배 90

고상식건물 77

고유제 155

고읍 149

고인돌 21, 79

고조선 32, 36

고직사(庫直舍) 151

곡내부(穀內部) 137

골호 90

곱돌광산 4

공열토기 33

공주 37
공주동정기(公州東亭記) 24
곽(郭) 82
관내도 52
관리사 62
관산성 37
관찰사영 59
관학 156
광구호 90
광나루 21
광명대군 23
광명청년회 65
광배 116, 121
광암동 81
광주객사(廣州客舍) 96
광주경찰서 71
광주공동조합 71
광주공산당협의회 71
광주관아 149
광주동사(廣州桐寺) 103
광주목 50, 53
광주목사 59
광주부 63
광주부사 55
광주서5층석탑 107
광주수리조합 67, 71
광주원군 47
광주원부인 47
광주읍치 94
광주중앙청년회 65

광주지회 65
광주향교 149
광평시랑 47
광흥지회 65
괭이 32
교답 153
교산동 20, 80
교산동 건물지 39
교산리 64, 241
교전 153
구기비(舊基碑) 201
구본홍 71
구산(龜山) 14, 19
구산성지 192
구석기시대 28
구자홍 71
구창서 71
구희서 64
국자감(國子監) 147, 221
군기시(軍器寺) 3
군주(軍主) 39
궁말 23
궁예 47
궁촌 23
권철신 234
귀부 203
그물추 32
금관경 44
금단농우회 71
금당 109

금동불 114
금문(金文) 199
금석문(金石文) 199
금속문명 33
금암산 6
금파리 28
기우제(祈雨祭) 3
기전문화재연구원 94
기청제(祈晴祭) 3
기해박해 191
김강사와 T교수 245
김교영 64
김대건 194
김류 184
김만집 191
김무력(金武力) 38, 39
김범우 188
김상헌 178
김용문 64, 241
김우집 191
김유신 39, 41
김인문 42
김정경신도비 209
김창집 160, 166
김천존(金天尊) 42

남인 232
남천정 41
남천주 41
남천주총관 41
남한강 12
남한산 1, 6, 43
남한산노동공조회 71
남한산성 6, 8, 19, 54, 65, 86, 178
남한산성 북문 7
남한성 41
남한성도사 39
납 33
내시별감 3
너븐바위 20, 81
널무니 233
노동공제회 65
노반 107
노수포(水浦) 136
누르하치 7
느리골 196
능내리 12
능성구 21,
능안 21
능양군 227

ㄴ

남방식 고인돌 79
남원경 44

ㄷ

단경호 90
단발령 237

단서문 92
당정리 14
당척(唐尺) 91
당초문 92
당항성 38
대광 47
대동지지(大東地志) 88
대설위(大設位) 152
대성전 150
대좌 121
대탄(大灘) 24
더너물 20
덕평군신도비 208
덕풍동 21, 77
덕풍리 236
덕풍역 21, 133, 139
덕풍장 21
덤머고등학교 237
도(두)미협 134
도(우)미원 141
도리천 112
도미(渡迷) 134, 135
도미나루 14, 21, 133, 250
도미부인 2
도미부인 설화 135
도미원 21, 133, 139
도미진 21, 135
도미협 14
도사(道使) 91
도성 82

도읍 61
도진 21
독포 136, 139
돈의문 59
돌거울 91
돗자리 33
동검 33
동경주 24
동명묘 24
동문지 89
동부면 19, 60
동부지서 71
동사 107
동사지 97, 102
동수막 21
동정(東亭) 24
동정자(東亭子) 24
동제(洞祭) 248
동진(東晉) 114
두물머리 19
두미(斗迷) 134
두미(斗尾) 134
두미원 141
두전(頭篆) 202
둔지 21, 136, 139
둔지호 14
둔촌 9, 10
둔촌동 20
드 그라몽(De Grammont) 187

따비 91
뗀석기(타제석기) 28

ㅁ

마라난타 114
마방 21
마부대 178
마애불 115
마야부인 112
마장(馬場)이 20
마테오리치 186
막새류 95
막은데미 19
망월리 64, 241
망월포 21
맞배지붕 151
매운당(梅雲堂) 128
머리광배(頭光) 116
명량대첩비 200
명례방 188
명륜당 150
명문기와 99
명일동 21
명일원 21
모방(Maubant) 196
모방신부 191
모스(Morse. E. S) 237
모전석탑(模傳石塔) 105
목간 39, 91

목사(牧使) 50
목책성 82
목탑 105
목탑지 99
몸돌(탑신) 107
몽고 55
몽촌토성 86
묘갈 210
묘도문자(墓道文字) 200
묘정비 200, 214
무신정권 55
무안대군 23
무진주 44
문묘 150
문무왕 41
문성공묘(文成公廟) 158
문제 38
문화전설 248
미륵사지 105
미사동 246
미사리 14, 32, 34
미음도 136
민무늬토기(무문토기) 33
민영휘 215
밀성군 228
밀성군신도비 209

ㅂ

바위그늘 28

박경응 2
박경한 43
박기환 65
박도유(朴都儒) 42, 43
박동규 71
박술희(朴述熙) 47
반가상(半跏像) 115
반노청 151
반달칼 32
반육조(半肉彫) 123
받침돌(기단) 107
발해 44
방규환 70
방추차 76
배경(陪京) 61
배다리 9, 11
배알미 23
배알미동 1
배알미리 234
백제 36
벌봉 7, 8
법천사지광국사현묘탑 126
법화골 20, 128
법화암 7
법화암지 97
벽돌성 82
병마사 52
병인양요 236
병자호란 6, 54, 57, 61, 94,
177

보습 32
보훈병원 11
복자 198
복합문 92
봉국군(奉國軍) 52
봉림대군 178
봉수제 21
부견 114
부경 137
부도(浮屠) 125
부처거리 20
부처골 20
북거(北渠) 43
북문 58
북방식 고인돌 79
북신주 40
북한강 12
북한산주(北漢山州) 40, 41
분황사 105
불당골 20
붉은 간토기 33
비로자나불 115
비파형 동검 33
빗 91
빗금무늬 76
빗살무늬토기 33
뼈바늘 32
뾰족밑 76

ㅅ

사리(舍利) 125

사리고개 20

사리고개 석불 123

사리말 20

사마시 225

사묘 158

사별주 4

사성(賜姓) 48

사액(賜額) 158

사액서원(賜額書院) 159

사은사 166

사적비 200

사창(社倉) 138

사충서원 160, 214

사현십철(四賢十哲) 150

삭망 153

삭망분향 155

산산(蒜山) 251

살리타이 55

삼국사기 2

삼국통일 36

3 1운동 64

삼전도 179

삼전도비 177

삼존불 114

3학사 179

삽량주 44

상륜부 107, 109

상사창 133

상사창동 21, 128

상사창리 138, 184

상산곡동 1

상산곡리 161

상일공립보통학교 246

상일동 9

상정일 155

새능 21

새뜰 22

샘말 20

샘재 20

생선등뼈무늬 76

서기남 7

서당 155

서리(書吏) 62

서부면 18, 60, 216

서애집 24

서원경 44

서원제 155

서유견문 237

서재철 71

서조문팔화경 91

서학서(西學書) 186, 234

서흔남 233

석가모니 104, 112

석가불 115

석곽묘 77

석문(石文) 199

석바다 22

석전제 155
석종형 126
석축성 82
석탑 105
석해평(石海平) 22
석혜환 67, 71
선동 12, 21, 136
선동마을 14
선사시대 74
선생안 156
선정비 202
성(城) 82
성경온 225
성경온묘갈 211
성곽 82
성문사 8
성산동(成山洞, 聖山洞) 22
성왕 37
성준 225
세계문화유산 79
세종대왕 신도비 205
소과(小科) 156
소광주원부인 47
소설위(小設位) 152
소수서원(紹修書院) 159
소작인상조회 67
소학교령 156
소현세자 178
손톱무늬 76
송덕비 202

송조 2현 151
송파광주청년회 65
송파장 146
쇠스랑 91
수구문 82
수리골 20
수복실 151
수상교통 132
수성도사 39
수약주 44
수어사 62
수어장대 7
수어청 62
수운 132
수인 116
수참 136
수표교 235
순도(順道) 114
술탈(述脫) 43
숭산(崇山) 1
시루 90
시무외인(施無畏印) 116
시복자 198
시장(柴場) 3
시흥학교 239
신간회 65
신도 204
신도비 200, 204
신돈 10
신라 36

신복선사지 97
신사유람단 236
신석기시대 29
신소설 239
신앙유적 90
신임옥사 160
신유박해 190
신장시장 21
신주 41, 92
신주정 41
신진사대부 57
신평리 22
신해박해 189
심발형토기 77
12목 51
18현 151

안향 158
암문 82, 83
암행어사 216
약사불 115
약사여래입상 123
약정사지 97
양계 52
양고리 7
양광도 52, 59
양근 24
양수(兩水) 19
양수리 5, 19
양안 156
양제 38
어골문 92
어망추 76
억새 22
엄고개 25
엄미리(奄尾里) 25
엄현(은고개) 139
엄현점 25, 146
여원인(與願印) 116
여장 82, 83, 88
역(驛) 21, 139
역말 21, 236
역사시대 74
역원 141
역원제(驛院制) 21
연잉군(延　君) 168, 215
연자매 130

ㅇ

아리수 12
아미타불 115
아방강역고 135
아연 33
아지발도(阿只拔都) 200
아진함성(阿珍含城) 42
아찬 42
안무사 52
안시성 38
안의 성 240
안찰사 52

연자방아 130
열녀비 202
염상(廉相) 47
영세불망비 216
영춘정(迎春亭, 東亭) 24
예봉산 1, 5, 135
오곡 32
오달제 179
오륜행실도 251
온정(溫井) 20
옹성 82
와상(臥床) 115
와야곡(瓦冶谷) 20
완(주발) 90
완문 157
완산주 44
왕건 44
왕궁지 94
왕규(王規) 44, 97
왕규의 난 44
왕봉하 12
왕세제 168
왕식렴 48
왕자궁 23
왜군 57
외삼문 150
요고 91
용나루 21
용문산 5
용진 24

우견편단(右肩偏) 116
우천(牛川) 2, 231
욱리하 12
운길산 5
움집 29, 32
웅천주 44
원(院) 21, 139, 141
원광법사 125
원삼국시대 77
원저단경호 77
원종국사혜진탑비 99
원주전 143
위안제 155
위전 153
위토 153
윗배알미 12
유구 77, 95
유길준 236
유길준 묘소 4
유방제 196
유성룡 24
유수겸수어사(留守兼守 使) 61
유수부 62
유수사(留守司) 61
유안 156
유억겸 66
유인목 65
유진길 195
유진오 244

유치형 244
유향소(留鄕所) 230
유허비 201
유홍 21
유홍신도비 209
유황 3
육상교통 132
윤재달 71
윤지충 189
윤집 179
은고개 24
은고개 약수터 20
읍성 82
읍치(邑治) 20
의학박사 52
이건명(李建命) 160, 170
이건창 202, 216
이경재 71
이괄의 난 182
이대헌 64, 65, 241
이동혜 촌주 41
이두문 206
이방석 25
이방원 3, 25
이벽 187, 234
이색(李穡) 10
이성산성 22, 39, 86, 92
이세화 55
이수 203
이승훈 187

이시애의 난 230
이왕가(李王家)박물관 120
이이명 160, 168
이자성(李自成) 9
이적(李積) 41
이제 149
이종생 230
이준도묘갈 211
이집 10, 220
이황 158
인물상 91
인물전설 248
인조 6
인조반정 227
인평대군 178
인화문 합 90
인화이씨 묘 211
일길찬 43
일자산 8, 11
일장산성 182
일장성(日長城) 182
임숙영 226
임열 226
임열신도비 209
임진왜란 61
입상(立像) 115

ㅈ

자봉산(紫峯山) 2, 231

자연전설 248
자화사지 97
작살 32
작평리(鵲平里) 22
장경호 90
장악원 188
장판고(藏版庫) 164
저장공 77
저장구덩 90
전곡리 28
전묘후학(前廟後學) 152
전사청 151
전설 18, 248
전신광배(身光) 116
전적비 200
전탑 105
전학후묘(前學後廟) 152
전흥법사염거화상탑 125
절도사 52
젊은날의 자화상 245
점 139, 141, 144
점줄무늬 76
점토띠토기 33
정극모 71
정길용 71
정도전(鄭道傳) 10
정림(井林) 20
정몽주(鄭夢周) 10
정묘호란 177
정문 157

정미환국 160
정상교 71
정성근 223
정약용 2, 86, 135
정약전 234
정태원 71
정하상 195
제물등록(祭物謄錄) 156
제전(祭田) 153
조국순례길 4
조선농민회지국 65
조창 138
조창제 21
조태채(趙泰采) 160, 172
조합파 70
종교 18
종촉 223
좌상(坐像) 115
좌수영대첩비 200
주름무늬병편 95
주막 21, 144
주산(主山) 1
주석 33
주세붕 158
주심포집 151
주어사 187
주장성(晝長城) 182
주치(州治) 41
중부면 18
중설위(中設位) 152

중원경 44
중정남한지(重訂南漢誌) 86, 149
지광주부사(知廣州府事) 53
지명 18
지방관(地方官) 61
지붕돌(옥개석) 107
지석묘(支石墓) 79
진무사 62
진산(鎭山) 1
진신사리 104
진촌진 135, 136
진흥왕 37
진흥청년회 65

참(站) 21, 139
참샘골 20
참선 136
창끝 32
창령비 41
창모루 21
창부(倉部) 137
창우동 1, 21, 250, 251
창우리 3, 21, 178
처인성 56
척주동해비 2, 232
척주지 231
천성도(泉城島) 251

천왕(天王) 100
천왕사 99
천왕사지 97, 99
천주교 186
천주실의(天主實義) 187
천진암 187, 194
천현동(泉峴洞) 20, 21
천현리 64
철불 119
철불상 115
청금록(靑衿錄) 156
청남 232
청동기시대 32, 34
청동방울 91
청주 44
청태종공덕비 207
초이동 9
촌주(村主) 91
총융사(摠戎使) 182
총융청 61
최광섭 246
최명길 178
최영년 239
최용옥 71
최인규 246
최찬식 239
최창근 241
추월색 240
추탄 15
춘궁(春宮) 23

춘궁동 23, 86
춘궁리철조석가여래좌상 97,
119
충목공 21
충주성 55
치성 83
치소(治所) 96
칠성바위 80

ㅋ

카페촌 15
쿠샨왕조 112
탁남 232
탄천 178
탑파(塔婆) 104
태종 24, 38
태평이년명마애약사불좌상(太
平二年銘磨崖藥師佛坐像) 97,
121
태평흥국명마애보살좌상 121
태학(太學) 147
태호 14
토광묘 77
토기 29
토성 82
토축성 82
통견(通肩) 115
통군정서(統軍亭序) 226
통진현부인 안씨묘갈 211

ㅍ

파발(把撥) 21
파수 92
판관(判官) 62
팔각대좌 120
팔각원당형 126
팔당호 1
팔작지붕 151
팽이 91
평암마을 20
평원당선백대사(平源堂善佰大
師) 128
평지성 82
포곡형 88
포주 151
풍납토성 86
풍산동 21, 239
풍수지리 18
풍판 151

ㅎ

하남위례성 37, 86, 250
하마비(下馬碑) 151
하사창 133
하사창동 20, 21, 119
하사창리 138
하산곡동 1, 19, 21
하서주 44

학위전 153
학전 153
한강 12
한글고비 207
한백호 65
한산 50
한산정 41
한산주 41, 44, 50
한산주도독 41
한산주행군총관 41
한산하 14
한성 50
한성백제 94
한성정(漢城亭) 41
한성주 43
한수 12
한순회 65, 67
한용희 67
한주 41, 50
한천 20
함성군 230
함평 이씨 24
합성지명 18
합수개 19
항동(項洞) 19
항마촉지인(降魔觸地印) 116
해구선(蟹口船) 15
해돋이 광장 11
해동 18현 151
해운 132

해자 82
해천 15
해천점 146
행군총관(行軍摠管) 42
행주전승비 200
향교 147
향교늠전 153
향교말 20
향교전 153
향장안 156
향학(鄕學) 147
허목 231
헌관 155
헬레니즘 112
현문 83
현문식 89
현양비 194
협축 88
혜종 48
호국사 3, 4
호족연합정권 50
홀기(忽記) 156
홍경모 86, 149
홍낙성 214
홍익한 179
화덕 33, 77
황룡사 102, 114
황사영 190
황산(荒山) 19, 139
황산대첩비 200

회안 10, 52
효자비 202
후광주원부인 47
후금 57
후삼국 46, 50
후쿠자와 유키치 236
훈교비 9, 10
훈도 154
흥륜사 114

역사속으로의 하남여행

초판발행 2003년 8월 20일
지은이 손승철 · 김세민 · 이상배
교정 김동하 · 조세원 · 성두완

발행인 한정희
발행처 경인문화사
　　　　서울특별시 마포구 마포동 324-3
등록 제10-18호(1973.11.8)
전화 02-718-4831
팩스 02-703-9711
편집 · 디자인 신학태 김명선 박선주 이미진
사진촬영 J스튜디오
원색 · 제판 산성(02-2273-7698)
자료제공 하남시, (주)시공테크

ISBN 89-499-0202-8 03910
값 12,000원